외교언어

말이 무기인 외교관에게 꼭 필요한 대화의 기술

외교언어
DIPLOMACY·LANGUAGE

최병구 지음

들어가며

말words은 삶을 결정한다. 우리의 삶은 말이다.

외교는 대인관계와 다를 바 없다. 외교에서나 대인관계에서나 말이 중요하다. 말이 결과를 좌우한다.

외교관은 말로 전쟁을 하는 사람들이다. 말이 무기다. 무슨 말을 언제 어떻게 하느냐가 관건이다. 외교 초년병 시절 들었던 조언이 아직도 기억에 남아 있다. "외교관은 'Where is toilet?화장실이 어디 있나요?'이라고 말하지 않고 'Where can I wash my hands?어디서 손을 씻을 수 있나요?'라고 한다."

고대 아테네의 정치가이며 웅변가였던 데모스테네스(BC384~322)는 "대사大使는 언제든지 동원할 수 있는 전함戰艦이나 중무장한 보병·요새를 갖고 있지 않다. 그가 갖고 있는 무기란 말과 기회뿐이다"라고 했다. 대사만 그럴까?

마거릿 대처 전 영국 총리는 로널드 레이건 전 미국 대통령에 대해 이렇게 말했다. "레이건은 총 한 방 쏘지 않고 냉전 冷戰을 승리로 이끈 사람이다." 이런 일이 어떻게 가능했을까? 답은 '말'에 있었다. 레이건은 말을 무기로 만들 줄 아는 지도자였다. 소련 지도자 고르바초프는 레이건에 대해 이렇게 말했다. "레이건은 소련을 벼랑 끝으로 데려간 다음 거기서 멈추지 않고 한 발자국 더 나가게 만든 사람이다."

외교관이란 "가장 불쾌한 일을 가장 유쾌하게 말하고(아서 골드버그), 이웃의 목을 자르면서도 목 잘린 사람이 그런 줄 모르게 하며(트리그베 리), 지옥으로 가라는 말을 하는데 듣는 사람이 그 여행을 손꼽아 기다리게 만드는 사람(캐스키 스티넷)"이다.

자, 이제 외교관 언어의 세계로 여행을 떠나 보자.

목차

제1부 외교언어의 실제

제2부 현장 탐방

제1부

외교언어의
실제

외교언어

외교언어는 ▶정중하다. ▶민감하다. ▶완곡하다. ▶모호하다.

외교언어는 정중하며 공손하다. 부드럽고 예의 바르다. 상대를 존중하고 배려한다. 품위 있는 언사를 사용한다.

외교의 궁극적인 목적은 말로써 원하는 바를 얻어 내는 데 있다. 모가 나거나 거친 언어로는 상대의 마음을 움직일 수 없다. 외교언어는 정제된 것이다. 용어와 표현이 신중하게 선택되고 잘 다듬어진다.

협상 금언金言으로 '협상 상대에 대해서는 부드럽되 협상 사안에 대해서는 끈질겨라'는 말이 있다.

독일 통일을 완성한 철혈재상 비스마르크(1815~1898)는 "공손해라. 전쟁을 선포할 때에도 공손의 법칙을 지키라"라고 충고했다. 1912년 노벨평화상을 수상한 미국의 엘리후 루트(1845~1937) 국무장관도 "국가는 개인보다도 모욕에 더 민감하다. 모든 문명화된 정부들이 교류를 하면서 배운 가장 유용하고도 긴요한 교훈 중 하나는 표현에 있어서의 정중함과 절제의 필요성이다"라고 말한 바 있다.

외교언어는 민감하다. 예상치 않은 결과를 초래할 수 있으니 조심하고 또 조심해야 한다. 외교언어는 또한 섬세하고 정밀해야 한다. 국가 간에 말 때문에 심각한 갈등이 야기된 경우가 적지 않다. 단어 하나하나에도 신중에 신중을 기해야 한다.

"외교에서 말을 잘 골라서 하는 것만큼 중요한 일은 없다." 조지 슐츠(1920~2021) 전 미 국무장관의 지론이다. 외교언어에는 의도가 들어 있다. 단어나 문구, 표현이 어떤 결과를 가져올 것인가를 세심하게 가늠하여 선택한다.

외교관은 직접적으로 말하지 않는다. 어떤 사람이 거짓말을 했을 때 '거짓말을 했다'고 표현하지 않고 '사실을 말하는 데 실패했다'고 표현한다. 합의에 도달하지 못한 사실을 놓고도 '동의하지 않기로 동의했다agree to disagree'고 한다.

외교언어는 겉과 속이 다르다. 겉으로는 부드러우나 속은 다를 수 있다. 벨벳 속에 감춰진 쇠망치일 수 있다. 참뜻·진의를 읽어 내기가 어렵다. 미국 외교관 토마스 피커링은 "고고학에서는 알지 못한 부분을 들추어 내는 반면, 외교에서는 알려진 사실조차 감춘다"고 말했다.

외교언어는 두 가지 이상의 뜻으로 해석될 수 있다. 이런 특성을 모르면 오해가 생긴다. 상대의 말을 정확히 알아들었다고 자신하지 말아야 한다. 미국의 차스 프리먼 대사는 "외교관은 평범한 단어는 특수하게, 특수한 단어는 이해가 불가능하게 사용하는 사람들"이라고 했다. 과장이 아니다.

외교언어는 'maybe'의 언어다. Yes도 아니고 No도 아니다. 둘 사이를 왔다 갔다 한다. Yes이면서 동시에 No다. 프랑스 외교관 딸레랑(1754~1838)은 "어떤 외교관이 '예스' 또는 '노'라고 답하면 그는 더 이상 외교관이 아니다"라고 말한 바 있다. 그래서 외교관들은 '확실히', '분명히' 등의 단어를 피한다.

외교관들은 'We will see'라는 말을 잘한다. 외교에서는 모든 것이 잠정적이고 가변적이다. 그러므로 외교관은 '최종적', '영구적' 등의 단어를 쓰지 않는다. 외교 금언에 'Never say never'라는 것이 있다. 외교는 'You never know^{알 수 없지}'의 세계다. 상황이 언제 어떻게 변할지 모르니 이를 염두에 두라는 말이다.

외교언어는 빙산과도 같다. 드러나 보이는 것은 일부분이다. 보이지 않는 부분, 숨겨진 부분이 더 많다. 그런 부분에 더 중요한 사실이 숨겨져 있다. 그것을 찾아내야 한다. 영국의 한 외교관은 이렇게 말했다.

• 외교에서는 텍스트에 신경을 곤두세울 수밖에 없다. 텍스트에서 무엇을 말하고 있는지, 무엇을 말하지 않았는지, 말을 했으면 어떻게 했는지, 왜 그 말을 했는지 등을 살펴보아야 한다. 이를 통해 많은 것을 알아

낼 수 있기 때문이다.

외교언어는 듣는 사람이 복수다. 외교와 관련된 사항을 언급할 때에는 국내외 청자^{聽者}를 동시에 염두에 두어야 한다. 그래서 외교언어는 더 복잡하고 어렵다.

정^鄭나라의 외교문서 작성 과정

정^鄭나라(BC806~375)는 강대국에 둘러싸인 약소국이었다. 게다가 전략적 요충지에 위치하고 있어 주변 강대국들의 위협 속에 살았다. 그러니 외교가 중요했다. 온갖 경우의 수를 살펴 완벽하게 외교문서를 작성해야 했다. 외교 감각과 수완이 뛰어났던 자산^{子產}(BC582~522)이 이 일을 훌륭하게 해냈다. 그는 24년 간 재상 자리에서 나라의 안전을 지켰다. 약소국 정나라가 200년 이상 생존하도록 만든 1등 공신이었던 것이다.

공자^{孔子}(BC551~479)가 쓴 《논어^{論語}》에는 정나라의 외교문서 작성 과정이 다음과 같이 설명되어 있다. (공자는 20대의 젊은 나이에 정나라를 방문하여 만년의 자산을 만난 적이 있다.)

• 정나라에서는 비심^{裨諶}이 외교문서의 초안을 작성하고 세숙^{世叔}이 이 초안을 연구·검토한 다음, 외교담당자인 자우^{子羽}가 현실에 맞게 보완하거나 삭제한 후, 자산이 최종적으로 윤색하여 문서를 받은 나라가 흡족

한 기분이 들도록 마무리 지었다.

공자가 사신使臣에게 해 준 충고

공자는 초왕楚王 사신으로 제齊나라에 가는 섭공葉公(공자의 제자)에게 다음과 같은 충고를 해 주었다. 2,500여 년 전의 일임에도, 오늘날 해외로 파견되는 대사大使에게 해 주는 말로 들린다.

• 무릇 나라 사이의 관계는 지리적으로 가까우면 신뢰를 기반으로 해야 하고 멀면 소통을 충실하게 해야 한다. 제나라는 후자에 속하니 군주의 말을 전달하는 사신으로서 자네의 임무가 막중하다.

• 특히 어려운 일은 양국의 군주가 기뻐할 말과 노여워할 말을 전하는 것이다. 양쪽이 모두 기뻐하는 말에는 필요 이상의 아첨·과장이 섞이기 마련이고, 양쪽이 모두 노여워하는 말에는 불가피하게 상대의 감정을 자극하는 말이 섞이기 마련이다.

• 무릇 말이란 지나치면 거짓되기 쉽고, 거짓되면 소통이 막히게 되고, 소통이 막히면 말을 전하는 자가 화를 입게 된다. 그러므로 옛 속담에 '그대로의 실상을 전하고 과장하지 않으면 일신을 온전하게 보존할 수 있다'고 했다.

"좋은 말이란 나쁜 행동을 감추기 위한 것"

소련 독재자 이오시프 스탈린(1879~1953)은 이렇게 말했다.

• 외교에서 말과 행동은 완전히 다른 것이다. 좋은 말이란 나쁜 행동을 감추기 위한 것이다. 진실한 외교란 가당찮다. 그것은 마른 물^{dry water}이나 나무로 만든 쇠^{wooden iron}와 같다.

• 강화협상^{講和協商} 테이블에서 "목숨을 걸고 평화를 지키겠다"고 말하면 이는 이미 함정과 전투기를 배치해 놓고 있다는 의미다.

촌철살인

저우언라이(1898~1976)는 중국이 낳은 최고의 외교관이었다. 그는 1949년 중화인민공화국 탄생 이래 26년간 중국 외교를 총지휘했다.

한 미국 관리가 저우와 대화를 나누던 중 "미국인은 고개를 들고 다니는데 중국인은 왜 숙이고 다니느냐"고 물었다. 이에 저우는 "중국인은 오르막길을 걷고, 미국인은 내리막길을 걷기 때문이지요"라고 답했다.

이런 에피소드도 있다. 한 중국 외교관이 미국 외교관에게 "당신들은 걸핏하면 이중 잣대를 들이댄다"며 불만을 토로했다. 그러자 미국 외교관은 "이중 잣대라니요. 우리는 4중 잣대를 갖고 있습니다"라고 말했다.

영어 단어를 잘못 이해해서 생긴 해프닝

대한제국은 1904년 1월 21일 이지용 외부대신^{外部大臣} 명의로 전시중립^{戰時中立}을 선언하고, 영국·프랑스·독일 공사관(오늘날의 대사관)에 이런 사실을 알리는 공한을 보냈다. 이들 공사관은 외교관행에 따라 이 문서를 받았다는^{acknowledge} 회신을 했다. 대한제국 정부는 이 'acknowledge'라는 단어를 전시중립을 승인했다는 의미로 오인하고 적이 안심했다. 이 단어에 '~을 받았음을 알리다'라는 의미가 있음을 몰라서 생긴 해프닝이었다.

concern^{우려} → regret^{유감} → condemn^{개탄} → protest^{항의}

다른 나라에서 발생한 사태에 대해 불만스러운 입장을 밝힐 때 가장 낮은 단계는 우려다. 그다음은 유감이다. 실망이나 곤혹을 느낀다는 의미다. 더 나아가면 개탄이나 규탄^{deplore}이다. 강도 높은 비난이다. 야기된 사태를 용납할 수 없다는 의미다. 가장 강도 높은 것은 항의다. 더 이상 그런 행동을 삼가라는 것이며 시정을 요구한다는 의미다.

통역이 문제?

1969년 워싱턴에서 사토 일본 총리와 닉슨 대통령이 회담을 했다. 두 사람은 무역 역조 문제로 부딪쳤다. 닉슨은 일본이 섬유제품 수출을 자

율적으로 제한해 줄 것을 요구했다. 이에 사토는 "善処します"라고 답했다. 통역은 이 말을 "I will do my best最善을 다하겠습니다"로 옮겼다. 닉슨은 사토가 자신의 요구를 받아들인 것으로 생각했다.

그런데 이후 일본의 대미 섬유류 수출은 줄어들지 않았다. 닉슨은 사토가 약속을 지키지 않았다며 분개했다. 하지만 사토가 거짓말을 한 것은 아니었다. '善処します'라는 말에 문제가 있었다. 이 말은 '최선을 다하겠다'는 의미가 아니었다. '살펴보겠다', '고려해 보겠다', '두고 보자' 정도의 의미였다. '그건 좀 어렵다'는 의미까지도 포함한다. 당시 통역이 "I will try" 정도로 옮겼더라면 더 나았을 것이다.

처칠 영국 총리가 일본대사에게 보낸 서한

처칠(1874~1965) 총리는 1941년 12월 8일 영국 주재 일본대사에게 영국이 일본에 대해 전쟁을 선포했다는 사실을 알리는 서한을 보냈다. 선전포고에 관한 서한이 그렇게 정중할 수 있느냐는 비난이 쏟아지자 처칠은 '공손함을 보이는 일에 돈이 듭니까?'라고 반문했다. 다음은 이 서한의 일부이다.

Sir,
…, His Majesty's Ambassador at Tokyo has been instructed to inform the Imperial Japanese Government in the name of His Majesty's Government in the United Kingdom that a state of war

exists between our two countries.

I have the honour to be, with high consideration,

Sir,

Your obedient servant,

Winston S. Churchill

'의도하지 않은 결과'를 초래한 애치슨 미 국무장관 연설

딘 애치슨 국무장관(1893~1971)은 1950년 1월 12일 워싱턴 D.C. 내셔널프레스클럽에서 행한 연설에서 "미국의 태평양에 대한 방위선은 알류샨열도로부터 출발하여 일본 본토를 지나 남단으로 뻗은 오키나와 열도를 거쳐 필리핀에서 끝난다"고 말했다. 미국 방위선에서 한국·대만·인도차이나는 제외되었다는 것이었다.

이 연설은 북한 김일성과 소련 스탈린으로 하여금 남침을 해도 미국이 개입하지 않을 것으로 오판하게 만들었다. 김일성이 스탈린에게 남침 허락을 조르고 있던 참에 한국이 미국의 방위선에서 제외되었다는 연설은 이들의 귀를 번쩍 뜨이게 만들었다. 북한군은 1950년 6월 25일 새벽 전면 남침을 감행했다.

"우리가 전혀 알지도 못하는 먼 나라"

체임벌린(1869~1940) 영국 총리는 1938년 9월 27일 전 국민을 상대로 한 방송 연설에서 체코슬로바키아 사태에 대해 다음과 같이 말했다.

• 우리가 전혀 알지도 못하는 먼 나라를 둘러싼 분쟁 때문에 이곳에 있는 우리들이 참호를 파고 가스마스크를 써야 한다면 얼마나 끔찍하고 이상하며 믿을 수 없는 일인가.

이 말을 들은 히틀러는 체코슬로바키아에 대해 어떤 행동을 하더라도 영국이 개입하지 않을 것이라고 믿게 되었다. 얼마 후 히틀러는 안심하고 침공을 감행했다.

사우디아라비아 왕세자를 격분시킨 두 개의 단어

사우디아라비아 정부가 여성인권운동가들에 대해 대대적인 단속을 벌이고 있을 때였다. 이 과정에서 캐나다인 여성인권운동가가 체포·구금되었다. 이에 캐나다 외교장관은 2018년 8월 3일 외교부 트위터에 다음과 같은 글을 올렸다.

• Canada is gravely concerned about additional arrests of civil society and women's rights activists in Saudi Arabia, including Samar Badawi. We urge the Saudi authorities to immediately

release them and all other peaceful human rights activists. (캐나다
는 사우디아라비아에서 여성인권운동가들이 추가 구속된 데 대해 심각
한 우려를 표시한다. 우리는 사우디 당국이 이들을 포함한 모든 인권운
동가들을 즉각 석방할 것을 요구한다.)

사우디아라비아 측은 강력 반발했다. 사우디 주재 캐나다 대사에게
24시간 내 출국을 요구했다. 외교관에게 강제 출국을 요구할 경우 보통
은 72시간을 주는데, 24시간을 준 것은 이례적이고 가혹했다. 사우디
정부는 여기서 그치지 않았다. 사우디 수도 리야드와 캐나다 토론토 간
직항편을 전면 중단시켰고, 캐나다와의 모든 신규 투자·무역 거래도 동
결했다. 사우디 중앙은행과 연기금이 갖고 있는 캐나다 주식·채권을 모
두 팔도록 조치했다. 심지어는 캐나다에서 수학하고 있던 16,000명 유
학생에게 다른 나라로 옮기라고 권고했다.

무함마드 빈 살만 왕세자(2017년 7월 책봉)를 격분시킨 것은 캐나다
외교장관이 트위터 메시지에서 쓴 'immediately release'라는 두 단어
였다. 사우디 정부는 2018년 8월 5일에 다음과 같은 성명을 냈다.

• It is quite unfortunate to see the phrase 'immediate release' in
the Canadian statement, which is a reprehensible and unacceptable
use of language between sovereign states. The Canadian
statement was a blatant interference in the Kingdom's domestic
affairs, against basic international norms and all international
protocols. Any other attempt to interfere with our internal affairs

from Canada means that we are allowed to interfere in Canada's internal affairs. (캐나다 성명문에 '즉각적으로 석방하라'라는 문구가 쓰인 것은 대단히 유감이다. 그것은 주권국가 간 사용하는 언어로서는 받아들이기 어려운 비난받아 마땅한 언어다. 이 성명문은 사우디왕국 국내문제에 대한 노골적인 간섭이며 국제 규범과 모든 국제 예양에 반하는 것이다. 캐나다 측이 우리 내부 문제에 간섭하려 한다면 그것은 곧 우리가 캐나다 국내문제에 간섭할 수 있다는 말이 된다.)

대사가 한 말이 후세인의 쿠웨이트 침공 발단?

이라크의 사담 후세인은 1990년 여름 쿠웨이트와의 국경 지대에 대규모 병력을 집결시켰다. 쿠웨이트에 대해 전면 공격을 시도하려는 것으로 보였다. 이런 상황에 글래스피 이라크 주재 미국대사는 1990년 7월 25일에 후세인을 긴급히 면담했다. 대화 중 후세인은 쿠웨이트가 석유 가격을 하락시키고 있다고 불평하며 보복에 나설 생각임을 내비쳤다. 글래스피 대사는 후세인에게 이렇게 말했다.

• I was in the American Embassy in Kuwait during the late 1960s. The instruction we had during this period was that we should express no opinion on this issue and that the issue is not associated with America···. (1960년대 말 내가 쿠웨이트 주재 대사관에 근무할 때 본부 훈령은 이 같은 사안, 즉 미국과 관련이 없는 이슈에 대해서는 어떤 의견도 표시해서는 안 된다는 것이었다···.)

• We hope you can solve this problem using any suitable methods via Klibi or via President Mubarak. All that we hope is that these issues are solved quickly. (우리는 당신이 크리비(아랍연맹 의장)나 무바락(이집트 대통령)을 통해 적절한 방법으로 이 문제를 해결할 수 있기 바란다. 우리가 바라는 것은 오직 이런 문제들이 신속히 해결되는 것이다.)

이라크군은 1990년 8월 2일에 쿠웨이트 침공을 개시했다. 그러자 글래스피 대사에게 비난의 화살이 쏟아졌다. 그가 후세인이 오판하도록 만들었다는 것이다. 《뉴욕타임스》는 1990년 9월 23일 보도에서 글래스피 대사가 후세인에게 "우리는 이라크-쿠웨이트 간 국경분쟁과 같은 아랍국가들 간 분쟁에 견해가 없다"라고 말했다며, 이것이 후세인으로 하여금 자기 뜻대로 행동해도 미국이 개입하지 않을 것이라는 잘못된 신호를 주었다고 주장했다.

중국 측 발언을 아전인수로 인식

박근혜 대통령은 2015년 9월 4일 중국 전승절 행사 참석을 마치고 돌아오면서 기자들에게 '시진핑 주석과 한반도 통일에 관해 충분한 교감을 나눠 이제는 중국과 통일 관련 문제를 논의할 수 있게 되었다'는 식으로 말했다. 다음은 박 대통령의 관련 발언 중 일부다.

• 앞으로 한반도 평화통일을 위해서 중국과 같이 협력해 나가기로 그

렇게 이야기가 된 것이고, 그래서 가능한 조속한 시일 내에 한반도 평화 통일을 어떻게 이루어 나갈 건가에 대해서 다양한 논의가 시작될 것이라고 보면 된다.

그런데 중국 측으로부터는 이런 해석이 가능한 말이 하나도 나오지 않았다. 중국 정부 발표문은 "중국은 남북이 관계 개선을 위한 대화를 지속하고 화해·협력을 추진함으로써 최종적으로 자주 평화통일을 실현하는 것을 환영한다"라고만 했다.

APEC 정상회의 공동성명을 무산시키다

2018년 11월 파푸아뉴기니에서 열린 아시아·태평양경제협력체(APEC) 정상회의는 공동성명 채택 없이 끝났다. APEC 29년 역사상 처음 있는 일이었다. CNN 방송은 "역사에 남을 실패"라고 보도했다. 공동성명이 무산된 것은 중국의 반발 때문이었다. 중국은 공동성명 초안에 들어가 있는 '불공정한 무역관행'이라는 문구가 중국을 지칭하는 것이라며 삭제를 요구했지만 중국을 제외한 20개국은 모두 찬성했다. 중국이 문제 삼은 부분은 이렇다.

• We agreed to fight protectionism including all unfair trade practices. (우리는 모든 불공정한 무역관행 등을 포함해 보호무역주의에 반대한다는 데 합의했다.)

중국 대표단은 한밤중에 파푸아뉴기니 외교장관을 면담해 자신들의 요구를 관철시키려 했다. 하지만 파푸아뉴기니 외교장관은 최종 합의가 이뤄지기 전에 특정 국가하고만 문안 협의를 하는 것은 공정성에 문제가 있다는 이유를 들어 거부했다. 그러자 중국 외교관 4명은 외교장관 사무실에 강제로 들어가려 했고 이로 인해 경찰이 긴급 출동하는 사태까지 벌어졌다.

'understand'란 단어의 뜻을 오해하다

청와대 고위관계자는 2019년 8월 한일韓日 정보보호협정 종료와 관련하여 "미국도 이를 이해했다"고 말함으로써 미국 측이 한국 입장에 이의가 없는 것으로 인식하게끔 했다.

한국어의 '이해하다'는 ▶깨달아 알다, ▶남의 사정을 잘 헤아려 너그러이 받아들이다, ▶사리를 분별하여 해석하다 등을 의미한다. 그런데 영어의 'understand'라는 단어는 ▶어떤 일이 왜·어떻게 일어났는가를 인식하다, ▶~이라고 생각하다 등을 의미해 우리말 '이해하다'와 다소 차이가 있다. 'understand'는 동의agree, consent, concur, 수락accept, 수긍 등의 의미를 포함하지 않는다. '동의하지는 않지만 귀측 입장을 잘 알겠다'는 의미다. 미국 측이 'understand'라는 단어를 썼고 한국 측이 이를 '이해했다'라고 옮김으로써 발생한 현상이었다.

문재인 대통령의 《뉴욕타임스》 인터뷰

문재인 대통령은 2021년 4월 《뉴욕타임스》와의 인터뷰에서 다음과 같은 말을 했다.

- 트럼프 대통령은 (대북정책과 관련하여) 변죽만 울렸지 집요하게 만들어 내지는 못했다. (He beat around the bush and failed to pull it through, Mr. Moon said on Mr. Trump's efforts on North Korea.)
- 트럼프 대통령이 "북한으로부터 핵 위협은 더 이상 없을 것"이라고 선언한 이후 이렇다 할 후속조치를 취하지 않은 것을 개탄한다. (Mr. Moon lamented that Mr. Trump never followed through, after declaring that "there is no longer a Nuclear Threat from North Korea.")
- 바이든 행정부가 2018년 싱가포르 합의를 폐기하는 것은 실수가 될 것임을 경고한다. (Mr. Moon warned that it would be a mistake to kill the 2018 Singapore agreement….)
- 미국이 북한 문제와 기후변화 등의 글로벌 이슈에 관해 중국과 협력할 것을 촉구한다. (He urged the United States to cooperate with China on North Korea and other issues of global concern, including climate change.)

문 대통령의 언어는 정제되지 않았다. 당장 트럼프 전 대통령의 반발을 샀다. 바이든 행정부 사람들도 거부감을 느꼈을 것이다.

외교화법

외교화법은 ▶본심을 드러내지 않는다. (짐작하여 알아듣도록 한다.) ▶필요 이상 말하지 않는다. (전부를 말하지 않는다.) ▶실제보다 낮추어 말한다. ▶부인否認할 여지를 남겨놓는다.

외교관은 곧이곧대로 말하지 않는다. 아는 것도 모르는 체한다. 그러니 외교관이 하는 말은 헤아려 들어야 한다. 또한, 외교관들은 본심이나 의도를 잘 드러내지 않으며, 필요 이상으로 말하지 않는다.

외교관은 실제보다 낮추어 말한다. 절제된 표현을 쓴다. 심각한 문제임에도 "약간의 문제"라고 한다. 협상이 성공적으로 타결되었어도 "약간의 진전이 있었다"고 말한다. "그것은 좋은 아이디어가 아니다"라는 말은 '그에 관해서는 더 이상 말하지 말자'는 의미다.

외교관들은 이런 말들을 흔히 한다. '적극 고려해 보겠다', '신중히 검토해 보겠다', '최선을 다 하겠다', '해결책을 찾아보겠다', '귀측 입장을 잘 알겠다' 등. 말을 꺼낸 상대의 체면을 살려주기 위한 말들이다.

영어에 'beat around the bush'라는 표현이 있다. 사냥꾼들이 새를 잡을 때 새가 있는지 없는지 알아보려고 덤불 주위를 막대기로 두드린 데서 나온 말이다. 외교관은 처음 만난 사람에게 곧바로 용건을 꺼내지 않는다. 가벼운 얘기를 먼저 나누며 분위기를 살핀다. 적절한 타이밍을 찾는 것이다.

외교의 세계는 흑백이 분명치 않다. 백白일 수도 있고 흑黑일 수도 있다. 그러니 외교관은 흰색을 "흰색"이라고 말하지 않고 검은색을 "검은색"이라고 말하지 않는다. "원칙적으로 동의한다"는 말은 아무 의미가 없다. 추후 언제든지 없던 일이 될 수 있기 때문이다.

외교에서 상황은 늘 변한다. 오늘의 친구가 내일의 적敵이 될 수 있다. 속은 감추고, 퇴로는 열어 놓고 있어야 한다.

황희 정승 화법

조선 시대 황희(1363~1452)는 세종대왕의 총애를 받으며 18년 동안 영의정을 지냈고, 90세까지 장수하면서 60년 넘게 관직을 역임했다. 이렇게 할 수 있었던 비결 중 하나는 그의 화법이었다.

두 하녀가 다투다가 주인에게 시시비비를 가려달라고 왔다. 황희는 한 하녀의 주장을 다 듣고 난 후 이렇게 말했다. "네 말이 옳구나." 그러자 다른 하녀가 자기 생각이 옳다고 반발했다. 황희는 "네 말도 옳다"고 했다. 옆에서 듣고 있던 부인이 "아니, 서로 반대 주장을 하고 있는데 둘 다 옳다고 하면 되나요. 한쪽은 틀려야 맞지요"라고 했다.

황희는 "그래요. 당신 말도 맞아요"라고 했다.

외교관은 거짓말하는 정직한 사람?

• 대사는 자기 나라를 위해 거짓말하도록 해외에 파견된 정직한 사람이다. (An ambassador is an honest man sent to lie abroad for the good of his country.)

영국 외교관 헨리 워튼(1568~1639) 경卿이 1604년 베니스 주재 대사로 부임하러 가던 길에 한 호텔 방명록에 써 놓은 문구다. 파문이 일자 워튼 경은 'lie'라는 단어를 '거짓말하다'라는 의미가 아니라 '주재駐在하다'라는 의미로 쓴 것이라고 둘러댔다.

외교관의 말은 이런 것

잘 알려진 우스개. 할아버지가 손자와 함께 목욕탕에 갔다. 할아버지가 먼저 온탕에 들어가며 "어이~ 시원하다~"고 했다. 이 말에 손자가 따라 들어갔다. 물이 뜨거웠다. 아이는 속으로 '세상에 믿을 사람 없네!'라고 했다. 할아버지가 "시원하다"고 한 것은 사실이 아니었다. 하지만 할아버지는 시원한 느낌이 들어서 그렇게 말했을 것이다. 손자를 속이려는 의도는 없었다. 손자가 잘못 알아들었을 뿐이다. 외교관의 말도 이렇다.

경연대회 대상은 외교관에게

과장해서 말하기 경연대회가 열렸다. 이 대회에 외교관도 참가하였다. 그는 자기 차례가 돌아오자 "외교관이란 자기의 속마음을 얘기하는 사람입니다^{A diplomat speaks his mind}"라고 했다. 대회는 여기서 끝났다. 더 이상 경연을 할 필요가 없었다. 이 사람이 대상을 받았다.

외교관이 이렇게 말하면…

• You're extremely creative and you're brilliant, and you're wonderful at coming up with new ideas.^{당신은 정말 창의적이고 재기에 넘칩니다. 새로운 아이디어를 참 잘 내시는군요.}

→ 분발하라는 의미

• I think you have the potential to be a fantastic leader.^{당신은 뛰어난 지도자가 될 잠재력이 있다고 생각합니다.}

→ 언감생심 지도자가 될 생각은 하지 말라는 의미

• I almost agree.^{거의 동의합니다.}

→ 전혀 동의할 수 없다는 의미

외교관에 관한 감춰진 비밀

　오바마 행정부에서 중국 주재 대사, 트럼프 행정부에서 러시아 주재 대사를 지낸 헌츠먼 미국대사는 외교관에 관한 감춰진 비밀이라며 이렇게 말했다.

　"외교관들은 아무것도 말할 것이 없을 때 무엇인가를 말하도록, 그리고 무엇인가 말할 것이 있을 때에는 아무 말도 하지 않도록 훈련된 사람들이다."

중국인들은 타고난 외교관?

　중국 전문가인 김하중 대사는 중국인 화법의 특색을 이렇게 말한다.

　• 중국 사람들은 자기들 마음을 모호하고 불분명하게 표현하는 기술을 갖추는 게 지도자의 덕목이라고 생각한다.
　• 그들은 민감한 문제에 대해 공개적으로 얘기할 때 절대로 명확하게 말하지 않는다.
　• 1 더하기 1을 2라고 단박에 말하는 사람은 평범한 사람이다. 명쾌하게 말하는 사람은 보통사람이거나 실무자일 것이다. 높은 사람은 한참 얘기해도 무슨 뜻인지 알 수 없을 때가 많다.

　중국 전문가인 김명호 교수도 비슷한 말을 하고 있다.

• 중국인 성향에 겉과 속의 다름이 있다. 중국인들은 표리부동해야 세련된 사람이라고 판단한다. 겉과 속이 같으면 동물이고 예절이 나올 수 없다고 생각한다.

'중대한 결과'의 의미

유엔 안전보장이사회는 2002년 12월 8일 이라크 내 대량살상무기(WMD) 문제에 관한 결의안 1441호를 만장일치로 통과시켰다. 이 결의안에는 "안보리는 이라크가 자신의 의무를 계속해서 위반하면 중대한 결과serious consequences에 직면하게 될 것이라는 사실을 그동안 여러 차례 이라크에 경고했음을 상기시킨다"는 문구가 들어 있었다. '중대한 결과'란 군사 행동, 즉 무력 사용을 의미했다.

"미국은⋯ 실망했다"

아베 일본 총리는 2013년 12월에 2차 세계대전 A급 전범戰犯의 위패가 합사돼 있는 야스쿠니 신사神社를 전격 참배했다. 현직 총리로서는 고이즈미 총리 이후 7년 4개월 만의 일이었다. 아베는 1기 내각 때 (2006.9~2007.9) 야스쿠니 신사를 참배하지 못한 것을 "통한의 극치"라고 했었는데, 2기 내각 출범 1주년 되는 날에 결국 참배를 단행했다. 미국은 신속한 반응을 보였다. 크리스마스 휴가 중이었음에도 당일 주일 미국대사관을 통해 입장을 발표하고, 이어 다음과 같은 문구가 들어 있는 국무부 성명을 냈다.

• 일본은 미국의 소중한 동맹이자 우방이다. 그럼에도 불구하고, 미국은 일본 지도부가 이웃 나라들과의 긴장을 악화시키는 행동을 한 것에 실망했다.

"실망했다"라는 말에는 심각한 의미가 들어 있었다. 오바마 대통령은 2014년 4월 일본을 국빈 방문하면서 아베와의 오찬을 거부했다. 메이지 신궁 방문 때 아베 총리의 '동행' 제안을 거절했다. 오바마는 자신의 임기가 끝날 때(2017년 1월)까지 아베와 냉랭한 관계를 유지했다.

"우리는⋯ 실망했다"

폼페이오 미 국무장관은 2019년 8월 22일 "우리는 한국이 정보공유 협정과 관련해 내린 결정을 보고 실망했다"라고 말했다. 청와대 (국가안보실)가 한일 군사정보보호협정(GSOMIA) 종료를 발표한 직후 공개적으로 내놓은 반응이었다. 국무장관이 동맹국에 대해 "실망했다disappointed"라는 단어를 쓴 것은 이례적이었다. 미 국방부도 "강한 우려와 실망strong concern and disappointment을 표명한다"는 성명을 냈다.

여기서 그치지 않았다. 폼페이오 장관 발언이 나온 지 4시간 만에 국무부는 "문재인 정부가 미국이 동북아에서 직면하고 있는 심각한 안보적 도전과 관련하여 심각하게 잘못 생각serious misapprehension하고 있음을 말해 준다"고 했다. '한국 정부'라고 하지 않고 '문 정부'라고 했다. "심각하게 잘못 생각하고 있다"라는 표현은 강도 면에서 이보다 더 강할 수 없었다. 결정을 번복하라는 요구였다.

청와대의 과잉 홍보

문재인 대통령은 2018년 10월 교황청에서 프란치스코 교황을 면담하면서 북한 김정은 위원장의 방북 초청 의사를 전달했다. 면담이 끝난 후 청와대는 "북한이 공식 초청장을 보내 주면 무조건 응답을 줄 것이고, 나는 갈 수 있다"라고 교황이 말한 것으로 전했다. 한국 언론들은 이를 대대적으로 보도했다. '교황 방북이 한반도 평화의 디딤돌이 될 것', '한반도 평화 여정에 축복이 될 교황의 방북' 등의 헤드라인을 달았다.

한국 언론에서 이런 보도가 나오자 교황청 국무장관은 "본격적으로 방북 가능성을 생각하려면 사전 검토해야 할 조건들이 있다"고 했다. 청와대가 한 말에 대한 사실상의 부인이었다. '나는 갈 수 있다'라고 말했다는 근거는 교황이 쓴 단어 'disponibilità'에 있었다. 이 단어는 '틈이 나면' 내지는 '두고 봅시다'라는 의미였다. 청와대의 과잉 홍보로 생긴 일이었다.

"한국도 분명한 목소리를 내달라"

오바마 미 대통령은 2015년 10월 박근혜 대통령과 백악관에서 공동 기자회견을 했다. 이 회견에서 오바마 대통령은 다음과 같은 발언을 했다. 정중한 권면이면서도 간곡한 요청이었다.

• 내가 정상회담에서도 말씀드렸듯이, 우리가 힘주어 말하고자 하는 단 하나는 중국이 국제규범과 규칙을 준수해야 한다는 점이다.
• 그들이 그렇게 하지 않는 문제에 있어서는 대한민국도 미국처럼 분명한 목소리를 내주기speak out 바란다. 우리 두 나라는 2차 세계대전 종전 이후 자리 잡은 국제규범과 규칙으로 혜택을 보아 왔다고 생각하기 때문이다. 우리는 그러한 규칙들이 약화되거나 어떤 나라가 좀 더 큰 나라라고 해서 이를 악용하는 것을 원치 않는다. 그것은 한국을 포함한 어느 나라에도 이로울 리가 없다.
• 중국은 한국 문전門前에 있는 큰 나라다. 그런 중국이 자신이 원하면 언제든지 규칙을 어기면서도 아무 일 없었다는 듯 지나간다면, 경제 문

제든 안보 문제든, 한국에 이로울 것이 없다.

"매우 솔직한 의견 교환"

2001년 3월 워싱턴에서 열린 김대중-부시 회담은 크게 실패했다. 《뉴욕타임스》는 "외교적 재앙"으로, 바이든 상원의원은 "파국이자 실패"로 규정했다.

부시 대통령은 북한 체제와 김정일을 혐오했다. 김대중 대통령은 이런 부시를 설득해 대북정책에 대한 지지를 얻어 내려 했다. 하지만 부시는 김 대통령의 생각을 이해할 수 없었다. 부시 대통령은 공동기자회견에서 "김 대통령은 현실주의자이며 북한에 대해 환상을 갖고 있지 않다"고 말했다. 반어법이었다. 김 대통령은 이상주의자이며 북한에 대해 환상을 갖고 있다는 말이었다.

정상회담에 배석하고 있던 파월 국무장관은 중간에 빠져나와 기자들에게 "a very good exchange of views대단히 좋은 의견 교환", "very candid and straightforward exchange of views대단히 솔직한 의견 교환" 등의 표현을 써가며 회담 분위기를 전달했다.

부시 대통령의 측근이었던 콘돌리자 라이스(국무장관 역임)는 회고록에서 당시 상황을 이렇게 묘사했다.

• 회담 분위기는 정중했으나 북한을 다루는 방향에 대하여는 두 대통령이 저 세상만큼 다르다는 것이 명백해졌다. 김대중 대통령은 어떤 경우에도 북한에 도전하지 않겠다는 인상을 주었다. 우리는 '제네바 합의(1994)'가 북한의 핵개발에 대하여는 아무 효과가 없고 남한이 북한 정권을 지탱해 주고 있다고 믿었다. 부시 대통령은 김정일의 폭정에 화가 나 있었는데 왜 한국 정부는 이런 현실에 반응이 없는지 이해할 수가 없었다. 김 대통령 방미는 미국과 아시아의 가장 가까운 동맹국 관계에 금이 가는 식으로 끝났다.

외교수사

외교수사는 ▶일부러 꾸민 말이다. ▶형식적·상투적인 말이다. ▶아부하는 말이다. ▶모호하다. ▶(때로는) 기만적이다.

외교수사修辭는 듣는 사람의 비위에 맞춘 말이다. 듣기 좋으라고 하는 말이지 진심에서 우러나온 말이 아니다. 한참을 들어도 외교관의 말에 특별한 내용이 없는 것도 이런 때문이다. 외교에서 레토릭을 쓰는 것은 듣는 사람의 관심을 끌려는 목적도 있지만 많은 경우 상대의 기분을 맞춰줌으로써 불필요한 갈등을 피하려는 목적도 있다.

외교수사는 때로 기만적이다. 말과 행동을 상황과 맥락에 비추어 보아야 한다. 그래야 오인식誤認識을 피할 수 있다.

"더 이상 북한의 핵 위협은 없다"

트럼프 대통령은 2018년 6월 싱가포르에서 김정은 위원장을 만난 후 자신의 트위터에 "더 이상 북한의 핵 위협은 없다"고 올렸다. "북핵 문제가 대부분 해결되었고, 수백만 명의 생명을 구하는 결과를 만들어 냈다"고도 했다. 터무니없는 레토릭이었다.

"비핵화를 향하여 노력할 것을 확약하였다"

트럼프 대통령과 김정은 위원장은 2018년 6월 싱가포르에서 역사적인 회담을 하고 공동성명을 발표했다. 최대 관심사였던 북핵 문제에 관해서는 이렇게 되어 있었다. "Reaffirming the April 27, 2018 Panmunjom Declaration, the DPRK commits to work towards the complete denuclearization of the Korean Peninsula." 북한은 이를 "조선민주주의인민공화국은 2018년 4월 27일에 채택된 판문점 선언을 재확인하면서 조선반도의 완전한 비핵화를 향하여 노력할 것을 확약하였다"로 번역했다.

"한반도 비핵화를 위해 노력한다"라고 했는데, 이는 아무 의미 없는 수사에 불과했다.

문재인·김정은의 수사

문재인 대통령과 김정은 위원장은 2018년 4월 판문점에서, 9월 평양에서 회담하면서 다음과 같은 말을 남겼다.

문재인 대통령의 말.

• 김 위원장과 나는 이제 세상에서 둘도 없는 좋은 길동무가 되었다.
• 김정은 위원장과 나는 다정한 연인처럼 함께 손잡고 군사분계선을 넘어가고 넘어왔던 사이다.
• 대동강과 한강에서 흘린 땀과 눈물이 하나가 될 때 우리는 세계 최고가 될 수 있다는 희망과 기쁨을 온 겨레에 안겨 주었다.
• 백두에서 한라까지 아름다운 우리 강산을 영구히 핵무기와 핵 위협이 없는 평화의 터전으로 만들어 후손들에게 물려주자고 확약했다.

김정은 위원장의 말.

• 오늘 우리는 암흑 같았던 북·남사[北]의 얼어붙은 긴긴 겨울과 이별한다는 것을 선언했으며 따뜻한 봄의 시작을 온 세상에 알렸다.
• 마주 서고 보니 서로 갈라져 살 수 없는 한 혈육이며 어느 이웃에도 비길 수 없는 동족이라는 것을 가슴 뭉클하게 절감했다.
• 싸워야 할 이민족이 아니라 단합하여 화목하게 살아야 할 한 핏줄을 이은 한 민족이다.
• 이제는 그 누구도 되돌려 세울 수 없는 민족화해와 평화번영의 새 시대로 당당히 들어서게 된 데 대해 만족스럽게 생각한다.

"한번 알아보겠다"

한국의 H 건설사는 1998년 브루나이에서 해안개발공사를 마쳤으나 공사대금 431억 원(3,800만 달러)을 받지 못했다. 김대중 대통령은 2000년 11월 브루나이 국왕과의 회담에서 이 문제를 거론했다. 회담에 동석했던 한국 관리는 볼키아 국왕이 '특별한 배려를 해 주겠다'는 반응을 보였다고 기자들에게 전했다. 일부 언론은 "국왕이 특별히 고려하도록 내각에 지시했다"고 보도했다.

H 건설사는 브루나이 관계자들을 접촉해 이런 사실을 확인하려 했다. 하지만 그들은 국왕이 그런 말을 하지 않았다고 했다. 볼키아 국왕이 김 대통령에게 한 말은 "I'll look into the matter"였다. '어떻게 된 일인지 한번 알아보겠다'는 의례적인 레토릭이었다. 청와대가 정상회담 성과를 홍보하기 위해 국왕이 한 말을 과장했다. H 건설사는 이후 1년 3개월의 노력 끝에 241억 원(공사대금의 56%)을 받아냈다.

"김정은은 매우 명예로운 사람"

트럼프 대통령은 2017년 김정은 위원장과 말폭탄을 주고받는 과정에서 다음과 같이 김정은을 비하했다.

- 주민들을 거리낌 없이 굶주리게 만들거나 죽이는 미친 자
- short and fat^{땅딸보}, maniac^{미치광이}, a sick puppy^{병든 강아지: 정신병자를 의}

^미 . Little Rocket Man ^{꼬맹이 로켓맨}

그런데 2018년에는 180도 달라졌다. 낯간지러울 정도의 수사였다.

- 아주 솔직하고, 어느 모로 보나 매우 명예로운 사람이다. (2018.4.24.)
- 훌륭한 성품을 갖고 있고 매우 똑똑하다. 나는 그가 자기 나라를 매우 사랑한다는 것도 알게 됐다. 그 나이에 그 정도로 할 수 있는 사람은 1만 명 중 한 명이다. 나는 그를 강하게 신뢰한다. (2018.6.12. 싱가포르에서 김정은과 첫 회담을 한 후)
- 김 위원장과 나는 사랑에 빠졌다. (2018.9.27.)

기자들이 어떻게 그렇게 달라질 수 있느냐고 묻자 트럼프는 "나도 레토릭은 싫어하며 그러길 원치 않는다. 그런 말을 할 때 나는 바보 같다는 생각이 들기도 한다"라고 했다. "일이 되게 하기 위해서는 무슨 일이든 못하겠느냐"는 말도 덧붙였다.

기만적인 레토릭

박근혜 대통령은 2015년 10월 워싱턴에서 오바마 대통령과 회담하고 〈북한에 관한 한미 공동성명〉을 발표했다. 이 성명에는 "북한의 핵·미사일 능력의 지속적인 고도화에 대해 깊은 우려를 공유하며, 북핵 문제를 최고의 시급성과 의지를 갖고 다루기로 합의하였다"라는 문구가 들어 있었다.

오바마 대통령은 북한이 비핵화에 진정성 있는 조치를 취하지 않는 한 북한과 대화나 협상을 하지 않는다는 입장을 6년 넘게 견지하고 있었다. 이런 상황에 북핵 문제를 "최고의 시급성과 의지를 갖고 다룬다" 고 했으니 뭔가 조치가 있을 것으로 기대되었다. 하지만 아무것도 없었다. 레토릭으로 끝났다.

한중 관계를 묘사하는 명칭

한중 관계에 붙여진 명칭은 우호협력 관계 → 협력동반자 관계 → 전면적 협력동반자 관계 → 전략적 협력동반자 관계로 바뀌었다.

한국과 중국은 1992년 8월 24일 외교관계를 수립하면서 양국 관계를 '우호협력 관계'로 불렀다. 6년 후(1998) 김대중 정부는 '협력동반자 관계'라고 했다. 이로부터 5년 후(2003) 노무현 정부는 '전면적 협력동반자 관계'로 불렀다. 그러더니 5년 후(2008) 이명박 정부는 '전략적 협력동반자 관계'로 바꾸었다. 이런 명칭들은 아무 의미가 없었다. 레토릭에 불과했다.

외교어법

┃ 눈치 · 기지

외교관은 분위기를 재빨리 그리고 정확하게 읽어 대화에 임한다. '외교적으로 말한다'는 것은 '눈치 있게 말하는 것'이다(diplomatically＝tactfully). 영어 단어 tact는 상대방의 기분(감정)을 건드리지 않는 것, 상대방의 마음을 그때그때 읽어낼 수 있는 것, 상황을 재빨리 파악할 수 있는 것 등을 의미한다. 또한 tact는 주어진 상황에서 가장 적절한 처신이 무엇인지를 분간해 낼 수 있는 능력이다. 적절한 때에 적절한 말을 할 수 있어야 하는 것이다. 이런 점에서 tact는 우리말의 '눈치'에 가장 가까운 영어 단어다.

사람들은 왜 눈치를 보나? 상황에 맞게 말하고 처신하기 위해서다. 상대를 잘 관찰하고 그가 하는 말을 잘 들어야 가능한 일이다. 우리는 대화를 나눌 때 상대방의 몸짓이나 어투 등 무의식적으로 발신되는 신호 정보를 읽는다. 전문가들에 의하면, 의사소통 과정에서 말이나 문자로 표현되는 것은 10%도 안 되고 50% 이상이 보디랭귀지(표정, 목소리, 시선, 손짓, 몸짓 등)로 표현된다고 한다. 일을 꼭 성사시키고 싶으면 전화를 걸지 말고 직접 만나라고 한다. 만나서 얘기하면 설득력이 그만큼 높아지기 때문일 것이다. (캘리포니아대학 심리학자 머레이비언은 의사소통에서 보디랭귀지가 55%, 음색, 목소리, 억양 등이 38%, 내용은 7%의 영향을 미친다는 연구결과를 내놓은 바 있다.)

외교대화에서는 감感이라는 것이 중요하다. 대화 과정에서 이 감을 잘 잡을 수 있어야 한다. 경험이 많은 외교관들은 대면한 상황의 문맥에 따라 적절하게 대응할 줄 안다. 눈치가 9단이라는 얘기다.

엘리자베스 여왕의 기지

런던 버킹엄 궁에서 영국을 방문 중인 귀빈을 위한 만찬이 열리고 있었다. 만찬 도중 손가락을 가볍게 씻을 수 있도록 레몬 조각이 띄워진 핑거볼finger bowl이 나왔다. 핑거볼의 용도를 몰랐던 주빈主賓이 그 핑거볼을 들고 물을 마셨다. 이를 본 영국 측 참석자들은 난감했다. 서양식 테이블 매너를 모르는 손님이 실수를 한 것인데, 그렇다고 손가락 씻는 물이라고 말해 줄 수도 없었다. 엘리자베스 여왕은 내색을 하지 않고 자기 핑거볼을 들어 물을 조금 마셨다. 다른 참석자들도 따라 했다. 주빈이 자신의 실수를 알아차리지 못하도록 기지를 발휘한 것이다. 만찬은 성공적이었다.

| 공손·배려

공손과 배려는 외교어법의 특징 중 하나다. 레이건 대통령이 위대한 소통가^{Great Communicator}로 불렸던 배경에는 공손과 배려가 있었다. 그는 '저 사람이 대통령인가'하는 인상을 주었을 정도로 겸손했다.

외교적 언행은 상대방의 마음을 편안하고 유쾌하게 해 주는 데서 시작된다. 어떤 경우든 상대방의 감정을 상하게 만들어서는 안 된다. 상대가 하는 말에 일단 수긍을 한 다음 내 말을 하는 것도 공손과 배려다. 외교관들은 'Yes, but…' 어법을 잘 쓴다. 이런 어법을 쓰면 상대방과 다른 의견이나 입장을 개진하면서도 거부감을 덜 줄 수 있다.

상대방을 배려하는 언사는 단정적이지 않다. 말투가 점잖고 품위가 있다. 자기를 내세우지 않는다. 예컨대, 영어에서는 'I am convinced that…_{나는 … 이라고 확신한다}'이라고 표현하는 대신, 'It appears to me that …_{내가 보기에는 …}'으로 표현할 수 있다. 'May I…', 'Would you please …', 'Could you allow me…' 등은 기본이다.

배려는 상대방의 기분이나 상대방이 원하는 것을 세심하게 유의하는 일이다. 예를 들어, 내 말을 상대방이 어떻게 받아들일까를 먼저 생각해 보고 말한다. 상대방의 약점을 건드리는 말을 하지 않는다. 이와 함께 ▶내가 상대보다 우월하다고 생각하는 일, ▶학식, 재산, 신분, 지위 등을 과시하는 일, ▶상대방의 약점, 체면, 자존심을 건드리는 일, ▶사생활에 속하는 일을 거론하는 일 등도 피한다.

배려는 또한 상대방의 사정을 잘 모르면서 내 생각만 갖고 반응하지 않는 자세다. 상대방이 보인 말이나 행동이 내가 모르는 이유에서 기인 하는 경우가 흔히 있기 때문이다. 일단 '그럴만한 사정이 있을 것'이라 고 생각하고 대화를 한다.

케네디 대통령의 겸허한 자세

존 F. 케네디 대통령(1917~1963)은 1962년 10월 '쿠바 미사일 위 기'를 성공적으로 해결한 업적을 남겼다. 하마터면 상상하기 어려운 핵 참화를 당할 뻔했다. 이 사태를 다루는 과정에서 케네디 대통령이 보였 던 언사에 관한 연구에 의하면 케네디는 엄청난 중압감 가운데서도 놀 랄 만큼 냉정하면서 신중했다. 동시에 지극히 겸손했다. 핵심 참모들과 대책을 논의하는 회의에서 "I don't know enough about…내가 충분히 알지 못해서 …", "If anybody can tell me…누가 내게 말해 줄 수 있는지 …" 등의 표현을 자주 썼다. 이런 어법을 씀으로써 참모와 전문가들이 자기의 의견을 솔 직하게 말할 수 있는 분위기를 만들어 주었던 것이다.

벤저민 프랭클린의 지혜

벤저민 프랭클린(1706~1790)은 미국의 제1호 외교관이다. 그는 프 랑스 주재 대사로 근무하면서 미국이 독립과정에서 절실히 필요로 했던 협력과 지원을 이끌어 내는 데 탁월한 수완을 발휘했다. 그 비결 중 하나는 겸손이었다.

　프랭클린은 70세에 대사로 부임해 9년 가까이 활동했다. 그는 자신보다 30세 젊은 존 애덤스와 함께 일했다. 애덤스는 후에 미국의 제2대 대통령이 된 사람인데, 그의 성격은 프랭클린과 대조적이었다. 논쟁적이고 따지기를 좋아했다. 프랑스 외교장관은 이런 애덤스를 싫어해 잘 상대해 주지 않았다. 프랭클린은 '자존심을 중요하게 생각하는 사람들에게는 겸손이 무기'라며 프랑스 사람들에게 늘 겸손한 태도를 보였다. 그의 계산은 이랬다. '프랑스 사람들에게 견해를 묻고 충고를 구해 그들의 자존심과 자만심을 높여 주자. 그러면 그들은 내 생각과 판단을 신뢰해 나를 존중할 것이다.'

상대방과 다른 견해를 말할 때 쓰는 표현

- That sounds great, but …좋은 말씀입니다만 …
- I may be wrong, but I …제가 틀릴 수도 있습니다만 …
- I have to respectfully disagree with …제 견해는 좀 다릅니다만 …

상대방에게 거부감을 덜 주기 위해 쓰는 표현

① 'You'를 주어로 하지 않는다.
- You are wrong.그게 말이 되나.

→ I appreciate your opinion, but I see it differently.고맙지만 제 생각은 좀 달라요.

② 부정의문형으로 표현한다.

• We should rewrite the paper.보고서를 다시 써야 합니다.

→ Couldn't we rewrite the paper?보고서를 다시 쓰는 건 어떨까요?

③ 시제時制를 달리해서 표현한다.

• I wondered if you could come on time.정시에 오실 수 있으신지요.

④ possibly, awfully, just 등의 부사를 사용한다.

• Would it be awfully inconvenient for you to come early?조금 일찍 오시는 것이 어렵겠습니까?

⑤ entirely, totally, completely 등의 부사를 사용한다.

• I am not entirely happy with the idea.아이디어가 전적으로 마음에 들지는 않습니다.

⑥ a little bit, slightly 등의 수식어를 사용한다.

• The train will be delayed.기차가 지연될 것입니다.

→ The train will be slightly delayed.기차가 잠시 지연되겠습니다.

| 완곡어법

　외교어법에서는 완곡어법^{euphemism}이 흔히 사용된다. 에둘러 말하면 거부감을 덜 줄 수 있기 때문이다. 하지만 원래 의미가 왜곡될 수 있으므로 조심해야 한다. 완곡어법은 또한 문화·언어·나라 등에 따라 다양한 형태로 사용되기 때문에 오해가 생길 소지가 있으므로 주의를 요한다.

완곡어법 사례

- It would be lovely if we could start on time. (정시에 시작하니 늦지 말라는 말.)
- The party is going to be pretty formal. (드레스코드는 정장^{正裝}이라는 말)
- He is old. → He is a little on the old side. (그는 약간 나이가 든 편이다.)
- He is short. → Well, he's not tall. (그는 큰 키가 아니다.)

미국인들의 완곡어법 사례

　아래 표현은 미국인들이 사용하는 완곡어법의 사례다. 괄호 안이 본뜻이다.

- You are emotional about this issue.^{당신은 이 문제를 감정적으로 대하는군요.} (당신 같은 사람은 피하는 게 상책이겠다.)
- You have a lot of passion on the matter.^{당신은 이 일에 대단한 열정을 갖고 계시는군요.} (이제 그만 좀 하시라.)
- That's not bad.^{나쁘지 않군요.} (매우 훌륭하다.)

영국인들의 완곡어법 사례

영국인들의 완곡어법은 난해하다. 괄호 안이 본뜻이다.

- very interesting.^{매우 흥미롭군요.} (난센스다.)
- quite good.^{꽤 괜찮군요.} (실망스럽다.)
- a bit disappointed.^{조금 실망스럽네요.} (화가 난다.)
- I hear what you say.^{말씀하신 내용 잘 들었습니다.} (당신 말에 동의하지 않으며, 더 이상 논의하고 싶지 않다.)
- That's a very brave proposal.^{아주 용감한 제안이군요.} (정신 나간 제안이다.)
- Could you consider some other options?^{다른 방안을 생각해 볼 수 있을까요?} (이 안案은 맘에 들지 않는다.)
- with the greatest respect.^{가장 존경하는 마음으로.} (당신 생각은 맞지 않다.)
- average level.^{평균적인 수준이다.} (형편없는 수준이다.)
- I am sure it's my fault.^{이건 분명 제 잘못입니다.} (당신 잘못이다.)

• incidentally.^{그건 그렇고.} (지금부터 내가 하는 말 잘 들어라.)

| 칭찬·찬사

외교관은 칭찬의 달인이다. 누군가의 무엇에 대해서도 좋게 말한다. 부족하지도 과하지도 않은 정도의 칭찬으로 상대의 기분을 좋게 만들어 대화를 풀어나간다. 몸에 밴 습관이다. 마크 트웨인은 "나는 칭찬 한 번 들으면 두 달은 살 수 있다"고 농담했다. 인간은 누구나 인정받고 싶어 하는 욕구가 있고, 칭찬은 이런 욕구를 충족시켜 준다. 그런데 칭찬은 아부와 다르다. 외교어법에서 아부는 바람직하지 않다. 왜 그럴까?

▶칭찬은 선의로 하는 것인데, 아부는 숨겨진 목적이 있다.
▶칭찬은 사실에 근거하는데, 아부는 그렇지 않다.
▶칭찬은 건전한 것이지만 아부는 간사한 것이다.

의례적인 칭찬·찬사의 표현

• Excellent/Wonderful/Fantastic : 훌륭합니다. 멋집니다.
• Terrific/Marvelous : 놀랍습니다. 대단하십니다.
• I always learn so many things from you. : 당신으로부터 항상 많은 것을 배웁니다.

- Your thoughts and ideas are always inspiring.: 당신 아이디어는 항상 영감을 줍니다.
- You always provide valuable insight.: 당신은 항상 귀한 통찰을 주십니다.
- You always come up with the best solutions.: 당신은 항상 최상의 해법을 제시합니다.

키신저는 아부의 대가大家

닉슨(1913~1994) 대통령과 그의 국가안보보좌관이었던 키신저의 관계는 미묘했다. 서로 증오하면서도 서로를 필요로 했다. 닉슨은 미국 역사상 최고의 외교 대통령이 되기를 원했고, 키신저는 최고의 외교 전략가가 되기를 원했다. 이런 가운데 닉슨은 키신저의 지식과 머리를, 키신저는 닉슨의 권력과 지위를 이용했다. 이때 키신저가 동원한 것이 아부의 기술이었다. 대통령이 아무리 바뀌어도 키신저는 막대한 영향력을 발휘했다. 아부의 기술이 그 비법의 하나였다.

트럼프 대통령의 김정은에 대한 아부

트럼프 대통령은 2018년 6월 싱가포르에서 김정은 위원장과 회담하면서 김정은에 대해 현란한 찬사를 쏟아냈다. 고모부(장성택)를 총살하고, 이복형(김정남)을 독살했으며, 8만~12만 명의 주민을 정치범 수용

소에 가두어 놓고 있는 사람을 "자국민을 사랑하는 존경할 만한 인물", "인성이 훌륭하고 매우 똑똑한 사람", "몇만 명에 한 사람 나올까 말까 한 재능 있는 협상가"라며 치켜세웠다.

이후 트럼프는 기회 있을 때마다 김정은에 대해 낯간지러운 찬사를 늘어놓았다. 영국 일간《데일리메일》과의 인터뷰에서는 "김정은은 매우 영리하고 위대한 성품을 갖고 있다. 강인하고 훌륭한 협상가"라고 했다. 2018년 9월 유엔총회 연설에서는 "김정은 위원장의 용기와 그가 취한 조치에 감사한다"고도 했다. 진정성 없는 아부에 불과했다.

김정은 위원장의 트럼프에 대한 아부

김정은 위원장은 트럼프의 칭찬 받고 싶어 하는 욕구를 교묘하게 이용했다. 트럼프가 우쭐하며 자랑할 수 있도록 아부가 가득한 서한을 보내곤 했다. 미 중앙정보국(CIA)은 김정은이 트럼프에게 보낸 서한을 분석하여 "아첨의 걸작"이라는 결론을 내렸다. 김정은은 2018년 12월 25일 자 트럼프 앞 서한에서 '각하Your Excellency'란 용어를 9번이나 쓰며 "전 세계는 판타지 영화의 한 장면을 연상시키는 저와 각하의 또 다른 역사적 만남을 머지않은 장래에 또 보게 될 것입니다"라고 썼다.

트럼프는 2018년 9월 기자회견에서 다음과 같이 자랑을 늘어놓았다.

• 김정은은 나를 좋아한다. 나도 그를 좋아한다. 우리는 사이가 좋다.

• 그는 나에게 두 통의 가장 아름다운 편지를 보내왔다. 그중 한 통을 일본 아베 총리에게 보여 주었더니 아베는 "이것은 획기적인 것, 믿기 어려운 역사적인 것"이라고 말했다.

• 그렇다. 역사적인 편지다. 그것은 한 편의 아름다운 예술작품이다. 나는 김정은과 합의를 만들어 낼 것이다.

트럼프가 김정은과 만들어 낸 것은 아무것도 없었다. 그야말로 '뻥'이었다.

문재인 대통령의 중국에 대한 아부

문 대통령은 2017년 12월 중국을 방문하면서 베이징대학에서 연설을 했다. 이때 중국에 대해 다음과 같이 아부했다.

• 중국은 단지 중국이 아니라 주변국들과 어울려 있을 때 그 존재가 빛나는 국가다. 높은 산봉우리가 주변의 많은 산봉우리와 어울리면서 더 높아지는 것과 같다.

• 그런 면에서 중국몽이 중국만의 꿈이 아니라 아시아 모두, 나아가서는 전 인류와 함께 꾸는 꿈이 되길 바란다.

• 중국이 더 많이 다양성을 포용하고 개방과 관용의 중국 정신을 펼쳐갈 때 실현 가능한 꿈이 될 것이라고 믿는다. 한국도 작은 나라지만 책임 있는 중견 국가로서 그 꿈에 함께 할 것이다.

| 격려·인정

외교어법에서는 긍정적인 것, 희망적인 측면을 강조한다. 레이건 대통령의 연설에는 늘 희망의 메시지가 담겨 있었다. 그가 하는 말을 듣고 있으면 저절로 힘이 나고 하루하루 최선을 다해 살고 싶은 마음이 생겼다. 내일에 대한 기대로 오늘의 시련을 잊게 만들었다. 영국의 처칠 총리, 프랑스의 드골 대통령도 그랬다. 빌 클린턴 대통령 사례도 시사적이다. 그를 만났던 사람들은 이구동성으로 그를 호평했다. 비결은 만나는 사람의 이름을 외워 불러 준 데 있었다. 전 세계를 움직이는 위치에 있는 사람이 한 시민의 이름을 기억해 불러 준다는 것은 당사자에게는 평생 잊을 수 없는 일이다.

격려하는 일에는 보디랭귀지가 중요하다. 잔잔한 미소가 흐르는 표정에 상냥한 어조로 말하는 것과 생기 없고 피곤한 표정으로 힘없이 말하는 것에는 큰 차이가 있다. 사람들이 레오나르도 다 빈치가 그린 〈모나리자Mona Lisa〉라는 그림을 좋아하는 것도 모나리자가 신비스러운 미소를 머금고 있기 때문이다. 그 미소가 사람들의 마음을 빨아들이는 것이다. 미소는 인간의 감정에 강력한 호소력을 지닌다. 그래서 외교관들은 밝은 표정으로 말하는 데 익숙하다.

격려·고무에 효과적인 영어 단어

• very good/great/nice/beautiful/excellent/wonderful/

fantastic/absolutely/indeed/certainly/definitely/exactly/
completely/no doubt/surely etc.

- amazing/awesome/astonishing/brilliant/exciting/fabulous/
fascinating/impressive/incredible/marvelous/perfect/
remarkable/splendid/stunning/terrific/unbelievable etc.

| 절제 어법 ^{understatement}

외교관들은 말이나 글에서 실제보다 낮추어 표현한다. 이런 어법을 쓰면 듣는 사람에게 겸손한 인상을 줄 수 있다. 우리말에서 '~같다', '~로 보인다'가 이런 경우다. 영어에서도 seem이나 appear 같은 동사를 쓰면 이런 효과가 생긴다. 예컨대, '상황이 좋아질 것이다'라고 하지 않고 '상황이 좋아질 것 같다.^{The situation seems to be improving.}'라고 표현하는 것이다. '잘못이다'라고 하는 대신 '잘못이라고 하지 않을 수 없다'라고 한다. 영국 사람들이 'I think~'보다 'I imagine~'을 더 자주 쓰는 것도 이런 이유다.

하지만 절제 어법은 상황을 정확하게 전달하는 데는 단점이 있다. 또한 지나친 낮춤은 아부나 굴종의 인상을 줄 수 있다. '지나치게 공손한 것은 예의에 어긋난다^{過恭非禮}'는 말 그대로다.

"우리 비행기에 약간의 문제가 생겼습니다"

1982년 6월 24일 영국항공British Airways 여객기 한 대가 263명의 승객을 태우고 런던을 출발, 뉴질랜드 오클랜드로 운항하고 있었다. 그런데 인도네시아 상공을 날던 중 비행기 창밖으로 연기 같은 것이 보였다. 2분 후 4개의 엔진이 모두 멈췄다. 몇 초 후 기내 산소마크가 터져 나왔다. 조종사들은 지상과 교신하며 엔진을 재작동하기 위해 필사적인 노력을 경주했다. 이 와중에 기장은 다음과 같이 안내방송을 했다.

• Ladies and Gentlemen, this is your Captain speaking. We have a small problem. All four engines have stopped. We are doing our damnedest to get them going again. I trust you are not in too much distress. (승객 여러분, 기장입니다. 지금 약간의 문제가 생겼습니다. 엔진 4개가 모두 멈췄습니다. 엔진을 정상으로 돌리기 위해 최선을 다하고 있습니다. 너무 염려하지 마시기 바랍니다.)

엔진 4개가 모두 멈췄는데도 "약간의 문제가 생겼다"고 했다. 승객들을 안심시키기 위해서였다. 기장이 불안에 떠는 목소리를 보이면 승객들의 불안이 가중될 수밖에 없다. 항공기의 고도가 계속 떨어졌다. 기장은 바다 위에 착륙할 준비에 들어갔다. 이 순간 4개의 엔진 모두를 다시 작동시키는 데 성공했다. 조사결과, 화산재가 엔진에 들어간 것이 원인이었다.

| 함축 어법

　사실을 밖으로 드러내지 않는 어법이다. 외교에서는 사실을 다 말하지 않는다. 침묵은 그 자체가 메시지다. 우리의 일상생활에서도 '그때 가만히 있을걸' 하는 경우가 흔히 있다. 미국의 문명사학자 듀란트(1885~1981)는 "아무 말도 하지 않는 것이 외교술의 절반"이라고 말한 바 있다. '생각은 많이 해도 말은 많이 하지 않는다'라는 것이 외교관들의 모토다.

　함축 어법을 쓰면 다음과 같은 효과를 거둘 수 있다.

▶나중에 부인하는 것이 용이하다. 일단 말해 버리면 그다음에는 부인할 수 없다.

▶말하지 않고 남겨 놓는 부분이 있어야 선택지나 행동반경이 좁아지지 않는다.

▶다 말하면 의도가 노출되어 불리해진다.

▶체면 손상을 피할 수 있다. 꼭 하지 않아도 되는 말을 해 상대의 감정을 건드릴 필요가 없다.

▶상대가 미루어 짐작하게 만들면 나중에 직접적인 책임이 돌아오지 않는다.

▶함축적으로 말하면 강요한다는 느낌을 주지 않는다. 내가 원하는 방향으로 상대방을 유인하는 효과가 있다.

| 넛지^{nudge} 어법

넛지란 강압하지 않는 부드러운 개입으로 사람들이 더 좋은 선택을 할 수 있도록 유도하는 방법을 말한다. 외교에서도 이런 기법이 사용된다.

'한국은 강한 사법부가 있다'

한국에서 대북전단금지법이 2021년 3월 시행에 들어가자 미 하원 등을 중심으로 강한 반발이 일었다. 국무부는 다음과 같은 입장을 밝혔다. 정중한 권면이었다.

- We respect the fact that the ROK, as a democracy with an independent and strong judiciary, has tools in place to allow for review of the law. (우리는 한국이 독립적이고 강한 사법부가 있는 민주주의 국가로서 이 법을 재검토할 수 있는 도구가 갖춰져 있다는 사실을 존중한다.)
- We have been in close contact with the ROKG to express our strong views about the importance of the free flow of information into the DPRK and freedom of expression. (우리는 한국 정부와 긴밀히 접촉하며 북한으로의 정보 유입과 표현의 자유의 중요성에 관한 우리의 강력한 견해를 표명해 왔다.)
- The United States promotes and supports freedom of expression around the world, including together with valued allies

like the Republic of Korea. (미국은 한국과 같은 소중한 동맹과 함께 전 세계의 표현의 자유를 촉진하며 지지한다.)

"중국과 러시아는 잘하고 있다"

트럼프 대통령은 2019년 4월 백악관에서 기자들에게 이렇게 말했다.

• 나는 중국에 고마움을 표하고 싶다. (중·북) 국경에서 우리를 많이 도와주었다. 러시아에도 고마움을 표하고 싶다. 러시아도 (러·북) 국경에서 생각보다 훨씬 더 많은 도움을 주었다.

• 이처럼 중국과 러시아는 잘하고 있다. 그렇다고 좀 더 잘할 수 있는 여지가 없는 것은 아니나 국경 지역에서 아주 잘해 온 것만은 사실이다. 다시 한번 이 두 나라에 고맙다.

트럼프가 한 말의 진의는 중국과 러시아가 대북 제재를 좀 더 철저히 이행해 달라는 것이었다. 북한과 국경을 맞대고 있는 두 나라가 북핵 문제 해결을 위해 좀 더 기여를 해 달라는 말이기도 했다.

"한미동맹이 중요한 역할을 하고 있다"

윌리엄 번스 미 카네기국제평화연구원장은 2015년 6월 워싱턴 주재 한국 특파원과 가진 인터뷰에서 다음과 같이 말했다. 한국이 미국이 원하는 바대로 행동하고 있는 것처럼 말했다. (번스는 33년 경력의 직업 외교관으로, 국무부 부^副장관을 역임했고, 2021년 바이든 대통령에 의해 중앙정보국 국장에 임명되었다.)

질문: 한국이 남중국해 문제와 관련해 어떤 역할을 할 수 있나?

답변: 한국은 지역의 강자로서뿐만 아니라 글로벌 플레이어로서 자국의 이해가 어떤 것인가를 분명히 해 왔다. 항행의 자유와 국제해양규범을 안전하게 유지·보호하고 예측 가능한 질서를 만드는 데서 한국의 이해가 갈수록 중요해지고 있다.

질문: 미중 간 대립과 갈등 구도가 조성되면서 한국이 외교적으로 쉽지 않은 환경에 놓여 있다.

답변: 중국을 협력과 경쟁의 상대로 관리하면서 공통영역을 확대하고 갈등을 집요하게 관리하며 지역적으로 협력을 강화하는 것이 필요하다. 이런 점에서 한국과 한미동맹이 중요한 역할을 하고 있다. 한미가 협력해 실질적인 결과를 이끌어 내는 것이 중요하다.

질문: 일본군 위안부 피해자 문제가 여전히 걸림돌로 남아있다.

답변: 한일 양국이 역사의 매우 고통스러운 장^章을 극복할 것으로 믿는다. (위안부 피해자들이) 인간적으로 겪은 고통을 깊이 이해하면서 동맹 끼리 문제를 정리하고 더 큰 관계의 중요성을 인식해야 한다. 이것이 우리가 일본과 한국에 보낸 메시지다.

| 모호한 표현

　외교에서는 서로의 입장 차이가 커 명시적으로 합의에 도달하기 어려운 경우가 있다. 이럴 때 사용하는 기법이 모호한 표현을 찾아내는 것이다. 이중=重 해석이 가능하도록 한다. 협상이 더 이상 진전될 수 없는 국면을 타개하기 위해 어쩔 수 없이 사용하는데, 후에 더 큰 문제를 야기할 수 있으므로 가능한 한 피해야 한다.

'already null and void'

　1965년 6월 22일, '한일기본조약'이 서명되어 12월 18일 발표되었다. 이 조약의 제2조는 이렇게 되어 있었다.

　• 1910년 8월 22일 및 그 이전에 대한제국과 대일본제국 간에 체결된 모든 조약 및 협정이 이미 무효임을 확인한다.

　한국어본의 "이미 무효"는 영어본에서는 "already null and void"로 되어 있다. 한국 측은 "이미 무효"를 한일합병조약(1910.8.22.) 등 과거의 조약이 체결 당시부터 불법이고 무효라는 의미라고 주장했다. 반면 일본은 "already null and void"를 "もはや無 이제는 무효"라고 옮기고, 과거 조약은 합법적이고 유효했으나 1948년 8월 15일 한국 정부가 수립됨으로써 효력이 상실되어 한일기본조약이 서명된 1965년 6월 22일의 시점에는 무효가 된 상태라는 의미라고 주장했다.

'in due course'

1943년 12월 1일 프랭클린 루스벨트 미 대통령(1882~1945), 장제스 중화민국 총통, 처칠 영국 총리는 이집트 카이로에서 회담하고 공동선언문을 발표했다. 이 선언문에 쓰인 "in due course"라는 표현의 의미가 모호했다.

• Mindful of the enslavement of the Korean people, the aforesaid three Great Powers are determined that Korea shall, in due course, be free and independent.

당초 미 측 실무자(해리 홉킨스 루스벨트 특별보좌관)는 "at the earliest possible moment Korea shall become free and independent^{한국은 가능한 최단 시일 내 자유·독립 국가가 될 것이다}"로 기안했는데 루스벨트가 이를 "at the proper moment^{적절한 때에}"로 바꿨고, 처칠이 다시 "in due course^{일이 순조로이 진행되면}"로 수정했다. 이유는 이러했다.

▶ "at the earliest possible moment"라고 하면 일본과의 전쟁을 곧 시작할 것이라는 인상을 주어 히틀러에게 연합군이 이제 태평양에서 주력전^{主力戰}을 펼칠 것이라는 오해를 줄 가능성이 있다.
▶ "at the proper moment"라고 하면 일본에게 연합군이 일본에 집중하기까지는 시간이 좀 걸릴 것이라는 인상을 줄 수 있다.
▶ "in due course"라고 하면 애매모호해서 독일이나 일본에게 어떤 오해도 주지 않는다.

외교언어의 행간

외교언어에서는 텍스트에 들어 있는 단어와 표현, 메시지 전달 형식 등을 잘 살펴 숨겨진 의미^{subtext}를 찾아내야 한다. 어디까지가 수사^{修辭}이고 어디까지가 사실인지 분간하고, 핵심이 무엇인지를 읽어 내야 한다. 평소와 다른 단어나 표현이 사용되었거나 언급이 생략된 부분이 있으면 여기에 중요한 사실이 숨어 있을 수 있으므로 주의 깊게 살펴보아야 한다.

"조선은 자주독립국이다"

조선은 1876년 2월 일본과 강화도조약을 체결했다. 이 협정 제1조는 "조선은 자주국이며 일본과 평등한 권리를 갖는다"라고 되어 있었다. 조선은 이 조항을 원치 않았다. 청淸의 속방屬邦으로 남아 있기를 원했기 때문이다. 하지만 일본이 끝까지 주장해 이 조항이 들어갔다. 20여 년 후인 1895년 4월 청일전쟁 강화조약(시모노세키조약)의 제1조에 또 "청은 조선이 완전무결한 자주독립국임을 확인한다"라는 문구가 들어갔다. 일본에게는 이 조항이 가장 중요했다. 청의 조선에 대한 개입을 막을 수 있는 국제법적 근거를 마련하는 것이었기 때문이다.

"보기에도 좋고 맛도 좋은 그 무엇"

마오쩌둥은 1949년 10월 중화인민공화국(중공)을 탄생시킨 후 불과 한 달 뒤 소련을 방문, 스탈린을 만났다. 스탈린이 방문 목적을 묻자, "이번 방문으로 우리는 보기에도 좋을 뿐 아니라 맛도 좋은 그 무엇인가를 기대한다"고 했다. 무슨 말인지 알아들을 수 없어 통역에게 몇 번을 다시 통역하라고 했지만 소용이 없었다. 스탈린이 무슨 말이냐고 다시 물었다.

이에 마오는 "나는 저우언라이 총리를 모스크바로 부르기를 원한다"고 했다. 스탈린은 "우리 둘이 결정할 수 없는 일이라면 저우언라이를 부른다고 될 일인가?"라고 되물었다. 그래도 마오는 직답을 하지 않고 두 주일을 아무 말 없이 버텼다. 답답해진 스탈린이 또 물었다. "정말이지 무엇을 원하는가?" 마오는 "저우언라이를 모스크바로 부르면 알게 될 것"이라고 했다. 스탈린은 할 수 없이 동의했다.

마오가 원한 것은 중·소中·蘇 군사동맹 체결이었다. 저우언라이가 이일을 해낼 수 있는 적임자라고 판단했다. 저우는 결국 이 조약을 만들어 냈다. 마오는 소련을 중국 편에 묶어 두는 것을 가장 시급하고 가장 중요한 목표로 삼았던 것이다.

'선택의 자유'를 허용할 것

　고르바초프 소련 최고지도자는 1988년 12월 유엔총회 연설에서 폴란드·헝가리 등 동유럽 국가들에 대해 '선택의 자유'를 허용할 것이라고 선언했다. 소련은 종래 이 국가들에 대해 무력 개입을 할 수 있다는 소위 '브레즈네프 독트린'을 적용해 왔다. '선택의 자유를 허용한다'는 것은 이 나라들이 자기가 원하는 길을 가도 좋다는 의미였다. '브레즈네프 독트린'이 더 이상 유효하지 않다는 의미였다.

"우리는 미국에 대해 과거와 다른 생각을 갖고 있다"

　슐츠 미 국무장관과 셰바르드나제 소련 외무장관은 1987년 9월 뉴욕에서 회담했다. 회담에서 슐츠 장관은 소련의 인권침해 사례 목록을 건네며 개선을 요구했다. 인권문제는 미·소 외교장관 회담의 단골 메뉴였다. 이럴 때마다 소련 측 반응도 기계적이었다. 국내문제에 간섭하지 말라는 것.

　그런데 이상하게도 이번엔 달랐다. 셰바르드나제는 슐츠와 눈을 맞추며 이렇게 말했다. "조지, 내가 챙겨보겠다. 만약 사실로 밝혀지면 시정될 수 있도록 할 수 있는 일을 다 하겠다. 내가 이렇게 하는 것은 당신이 요구해서가 아니라 우리가 그렇게 해야 하기 때문이다. 이런 사실을 좀 알아 달라. 우리는 미국에 대해 과거와 다른 생각을 갖고 있다."

놀라운 반전이었다. 이에 슐츠는 이렇게 답했다. "에드워드, 당신이나 내가 어떤 일을 하려는 것은 우리가 그 일을 해야만 하기 때문이다. 나는 분명히 약속한다. 우리는 소련의 이익에 반하는 일을 요구하지 않을 것이다." 두 장관은 자리에서 일어나 굳게 악수하고 헤어졌다.

"미국에 거스르는 베팅을 하는 것은…"

2013년 12월 당시 미국 부통령이었던 바이든은 청와대에서 박근혜 대통령을 면담했는데, 면담 말미에 이런 말을 했다.

• As I said in my visits thus far in the region, it has never been a good bet to bet against America. It has never been a good bet to bet against America. And America is going to continue to place its bet on South Korea. (본인이 지금까지 이 지역을 방문하면서 말한 대로, 미국에 거스르는 베팅을 한 것은 결코 잘한 베팅이 아니었다. 미국은 계속해서 한국에 베팅할 것이다.)

바이든은 "미국에 거스르는 베팅"이라는 말을 두 번 반복했다. 그러면서 "미국은 계속해서 한국에 베팅할 것"이라고 했다. 무슨 말이었을까? 중국 편에 서지 말라는 의미였다. 박근혜 대통령의 친중親中 행보에 대한 주의보注意報였던 셈이다.

"내가 틀리고 당신이 맞기를 바란다"

문희상 국회의장을 단장으로 한 국회대표단이 2019년 2월 미국을 방문해 펠로시 하원의장(민주당)을 면담했다. 면담에서 북한 비핵화를 놓고 설전이 벌어졌다. 펠로시 의장은 "나는 북한을 믿지 않는다. 김정은의 진짜 의도는 비핵화가 아니라 남한의 무장해제다"라고 말했다. 이에 한국 대표단은 "곧 하노이에서 열릴 2차 북미 정상회담이 성공하도록 분위기를 만드는 것이 중요하다"고 했다. 그러자 펠로시 의장은 "2018년 6월 싱가포르 1차 미북 정상회담은 쇼였다. 이때 발표된 공동선언은 김정은에게 준 선물이었다. 이후 이렇다 할 비핵화 조치가 없지 않은가. 지금은 말이 아니라 증거가 필요하다"고 했다.

그러면서 펠로시 의장은 "한국이 하노이 정상회담에 기대하는 것이 무엇이냐"고 물었다. 이에 정동영 민주평화당 대표는 "미국과 북한이 적敵이 아니라 베트남처럼 우방으로 변하는 것이다. 베트남이 친미親美 국가가 된 것처럼 북한도 친미 국가가 되면 미국의 국익 확대에도 도움이 될 것이다"라고 했다. 그러자 펠로시 의장은 "북한은 믿을 수 없다"며, 20년 전 자신의 북한 방문 경험을 얘기했다. "북한 주민들의 가난과 비참함은 상상할 수 없을 정도였다. 나는 그때부터 북한 정권을 믿지 않는다"고 했다. 그러자 이정미 정의당 대표가 "지금 북한은 그때와 많이 다르다. 가까운 시일 내 다시 한번 가보기 바란다"고 했다.

대화는 논쟁으로 발전했다. 정동영 대표는 "트럼프 대통령의 북핵 외교는 과거 북핵 해법의 원조인 클린턴 정부 시절의 '페리 프로세스'를 잇는 정책이 아니냐"고 했다. 펠로시 의장은 "나는 그렇게 생각하지 않는다. 트럼프 대통령의 국정연설에 비핵화라는 말이 한마디도 없지 않은가"라고 했다. 그러면서 "나는 결과를 낙관하지 않는다. 내가 틀리고 당신이 맞기를 바란다. 여러분들 희망대로 되었으면 좋겠다"고 했다.

문희상 의장과 여권 참가자들은 "펠로시 의장이 우리의 설득에 충분한 이해를 보였다. 여러분 희망대로 됐으면 좋겠다고 말했다"며 성공적인 면담이었다고 자평했다. 완전한 오해였다. "당신들 희망대로 되었으면 좋겠다"라는 말은 '당신들 말은 틀렸다. 이쯤에서 대화를 끝내자'라는 의미였다.

'신형대국관계'

시진핑 국가부주석은 2012년 2월 미국 방문 중 '신형대국관계新型大國關係'라는 용어를 썼다. 그는 이 용어가 "광활한 태평양은 중국과 미국이 같이 사용할 수 있을 정도로 충분한 공간을 갖고 있다. 서로의 핵심 이익을 침해하지 않으면서 윈-윈 관계를 구축하자"는 의미라고 했다.

하지만 이 말은 중국이 이제 미국을 상대할 수 있는 강대국이 되었으므로 태평양을 둘로 나누어 서태평양Western Pacific은 '중국의 호수'가 되어야 한다는 의미였다. 미국과 본격적으로 패권을 다투겠다는 선언이기도 했다.

'코리아는 실상 중국의 일부였다'

시진핑 중국 주석은 2017년 4월 미 플로리다에서 트럼프 대통령과 처음으로 회담했다. 시 주석은 환담을 나누던 중 "코리아는 실상 중국의 일부였다 Korea actually used to be a part of China"라고 말했다. 생각 없이 나온 말이 아니었다. 치밀하게 연출한 것이었다. '한반도는 중국의 영향권에 속하니 미국은 넘보지 말라'는 말이었다.

'한국과 중국은 운명공동체'

문재인 대통령은 취임 첫해인 2017년 12월 중국을 방문해 시진핑 주석과 회담하면서 한중 관계를 '운명공동체'로 불렀다. 2년 후인 2019년 12월 한중 정상회담에서는 양국 관계를 '공동운명체'로 불렀다. '운명공동체'라는 용어는 국제정치에 없는 용어다. 문 대통령은 무슨 의미로 이 용어를 사용했을까?

중국 칭화대학 옌쉐통 교수는 2013년 저서에서 '한국은 2023년경 미중 모두와 동맹관계를 가질 수 있는 나라'라고 주장한 데 이어 한국을 방문해서는 "만약 한국인들이 '동맹'이란 용어에 거부감을 느낀다면 '운명공동체'란 용어를 사용해도 좋을 것"이라고 말했다. 문 대통령이 사용한 '운명공동체'는 '동맹'과 같은 의미였다.

'체제 안전 보장'이란?

북한은 핵을 내려놓기 위해서는 '북한 체제 안전 보장'이 선행되어야 한다는 입장을 견지했다. 한 나라의 체제를 다른 나라가 보장해 준다는 것은 불가능한 일이다. 그렇다면 북한이 요구하는 '체제 안전 보장'이란 무엇을 의미했을까. 핵무력을 그 어떤 것과도 바꾸지 않겠다는 것, 즉 핵을 포기하지 않겠다는 말이었다.

'한국이 만들어 낸 춤판'

볼턴 전 백악관 국가안보보좌관은 2020년 6월 회고록을 냈다. 이 회고록에서 그는 "모든 외교적 춤판diplomatic fandango은 한국이 만들어 낸 것이었고, 이는 김정은이나 우리(트럼프)의 진지한 전략보다는 한국의 통일 의제에 더 연관된 것"이라고 썼다. 볼턴이 말한 '외교적 춤판'이란 2018년 6월 12일의 싱가포르 미북 정상회담과 2019년 2월 28일의 하노이 미북 정상회담 등을 의미했다. 문재인 대통령이 김정은 위원장과 세 번의 정상회담을 한 것도 포함된다. 볼턴이 한 말은 다음과 같은 의미였다.

• 문재인 정부는 남북 관계를 국내 정치에 이용했다.
• 남북, 미북 정상회담은 쇼에 불과했다. 진지하게 북핵 폐기를 추구한 것이 아니었다.
• 이 쇼는 한국 측이 수를 써 엮은 것이었다.

"그를 더 이상 상대하지 않을 것"

영국 일간 《데일리메일》은 2019년 7월 대력 미국 주재 영국대사가 본국 정부에 보낸 전문電文을 입수해 보도했다. 이 전문에는 "트럼프 대통령은 서툴고 무능하며 불안정하다. 백악관은 유례없이 고장 난 상태"라는 내용도 들어 있었다.

격노한 트럼프는 이렇게 말했다. "나는 그를 잘 모른다. 그는 좋은 평가를 받은 대사가 아니다. 우리는 그를 더 이상 상대하지 않을 것이다." '더 이상 상대하지 않을 것'이라는 말은 대력 대사를 기피 인물persona non grata로 선언하니 영국 정부는 그를 빨리 소환하라는 의미였다. 대력 대사는 이틀 만에 사임하고 본국으로 돌아갔다.

이게 말이 되는 얘긴가

이수혁 주미대사는 2020년 6월 워싱턴특파원 간담회에서 이런 말을 했다.

• 우리는 세계질서 변화를 적극적으로 주도하고 그 속에서 우리의 국익과 국격國格 극대화를 전략적으로 도모할 만큼 충분히 성장했다.
• 우리는 미중 사이에서 선택을 강요받는 나라가 아니라 스스로 선택할 수 있는 국가라는 자부심을 갖는다.

이에 미 국무부 대변인실은 "한국은 수십 년 전 권위주의를 버리고 민주주의를 받아들였을 때 이미 어느 편에 설지 선택했다"고 논평했다. 무슨 말이었을까? 6·25전쟁에서 대한민국을 지켜낸 나라를 대한민국을 없애려 했던 나라와 같은 선상에 놓고 하나를 선택한다는 게 말이 되느냐는 의미였다.

비언어 커뮤니케이션

외교에서는 상징·신호 등의 비언어적^{nonverbal} 방법으로 메시지를 발신하기도 한다. 비언어로 이루어지기 때문에 수·발신에 각별한 주의가 필요하다.

전함戰艦 한 척을 철수해 생긴 일

포클랜드전쟁은 1982년 4월 2일 아르헨티나가 말비나스 섬(영국명: 포클랜드 섬)을 '회복'하겠다고 선언하며 일어났다. 이 전쟁은 6월 14일 아르헨티나 군軍의 항복으로 종료되었고, 갈티에리 군사정권은 붕괴되었다.

이 전쟁의 단초가 된 것은 영국 국방부 발표문이었다. 예산 절감을 위해 남대서양 순항 항공모함을 다른 곳으로 이동시킬 것이라는 내용이었다. 이를 두고, 아르헨티나 군사정권은 말비나스 섬을 점령해도 영국이 무력을 동원하지 않을 것으로 예측했다. 영국 정부는 이어 포클랜드 섬에 배치·운용 중이던 작은 전함 한 척을 철수하기로 결정했다. 아르헨티나 측에 선의를 보이기 위한 제스처로 취한 조치였다. 아르헨티나 군사정권은 이 조치의 의미도 잘못 인식했다.

아르헨티나가 이 섬을 공격하자 대처 영국 총리는 무력으로 대응했다. 항공모함·구축함으로 구성된 해군 기동부대를 출동시켰다. 영국군은 6월 14일 이 섬의 스탠리 항을 탈환했다. 이 과정에서 영국군 255명이 사망하고 777명이 부상당했다. 아르헨티나도 650명이 생명을 잃었다.

아베 총리에 대한 불만 표시

오바마 대통령은 2014년 4월 일본을 방문하면서 아베 총리와 공동기자회견을 했다. 회견 시 아베는 오바마 이름을 열 번이나 불렀는데, 오바마는 아베 이름을 한 번 불렀다. 어떤 이유가 있었을까? 오바마는 아베가 2013년 12월 야스쿠니 신사神社를 참배한 것에 큰 불만을 갖고 있었다.

국무부 건물 출입 방식을 바꾸다

냉전 시대 미국과 소련은 첨예한 대립을 하고 있었기 때문에 소련 주재 미국대사와 미국 주재 소련대사의 역할이 상당했다. 이런 배경에서 미국 정부는 도브리닌 소련대사에게 특별한 대우를 해 주었다. 그런 사례 중의 하나가 국무부 출입 방식이었다. 국무부 정문이 아닌 지하 주차장으로 출입할 수 있도록 해 주었던 것이다. 이는 케네디 행정부 이래 유지되어 온 특전이었다.

1981년 레이건 행정부가 들어서면서 상황이 달라졌다. 도브리닌 대사가 헤이그 국무장관을 만나기 위해 지하 주차장으로 들어가려 했으나 저지되었다. 정문을 통해 들어가라는 것. 레이건 행정부의 대^對소련 정책이 달라졌다는 신호였다.

비례 · 홀대를 통해 전한 메시지

문재인 대통령은 2017년 12월 중국을 방문했다. 방문 형식이 '국빈' 방문이었음에도 중국 측은 어처구니없을 정도의 비례와 홀대를 보였다. 외교사에 남을 만한 정도였다. 문재인 정부 길들이기의 일환이었다. 다음은 비례와 홀대 사례다.

- 장관급 인사가 아닌 차관보급 인사가 공항 영접을 했다.
- 시진핑 주석이 직접 안내한 행사가 하나도 없었다.
- 10여 차례의 식사 기회 중 단 두 차례만 중국 측이 주최했다.
- 리커창 총리와의 오찬 회담이 거부되었다.
- 왕이 외교부장은 문 대통령과 악수 시 문 대통령 팔을 툭툭 쳤다.
- 중국 경호원들이 한국 수행기자들을 심하게 폭행했다.

대통령 특사를 하석에 앉히다

2017년 5월 이해찬 의원이 문재인 대통령 특사로 중국을 방문, 시진 핑 주석을 면담했다. 그런데 좌석 배치가 이상했다. 이 특사가 하석^下^席에 앉아 시 주석이 주재하는 회의에 참석하는 모양새였다. 2018년 3 월 정의용 특사가 시 주석을 면담했을 때도 마찬가지였다. 시 주석은 회 의를 주재하듯 상석에 앉고, 특사 일행과 중국 측 배석자들이 서로 마주 보는 형식이었다.

2016년 북한 리수용 외무상이 시 주석을 면담했을 때는 달랐다. 둘은 나란히 앉았다. 2017년 일본 특사가 시 주석을 면담했을 때도 그랬다. 2017년 10월 베트남, 라오스 특사도 시 주석과 나란히 앉아서 면담했 다. 2013년 1월 박근혜 대통령 당선인이 김무성 의원을 특사로 보냈을 때도 시 주석과 나란히 앉는 좌석 배치였다. 특사를 접견할 때에는 나란 히 앉는 것이 외교관례다. 중국 측은 이런 식으로 문재인 정부를 길들이 려 했다.

시진핑이 하는 말을 받아 적는 모습

중국 관영 CCTV는 2019년 1월 중·북^{中·北} 정상회담 뉴스를 보도하 면서 김정은이 시진핑의 발언을 받아 적는 모습을 반복해서 보여 주었 다. 지방관이 주석의 훈시를 받아 적는 모습이었다. CCTV는 김정은이 시 주석의 환대에 감사를 표했다며 이를 '관화이^{關懷}'로 표현했다. 이 단어는 윗사람이 보인 관심과 배려에 감사한다는 의미다. 시진핑을 높이려는 의도에서 나온 편집이었다.

문희상 국회의장이 미 하원의장에게 전달한 선물

문희상 국회의장은 2019년 2월 미국을 방문하면서 펠로시 하원의장에게 친필 족자를 선물했다. 그런데 이 족자에 들어 있는 글귀는 '만절필동萬折必東'이었다. 만절필동이란 긴 강江이 아무리 굽이쳐도 향해 가는 방향은 동쪽이라는 말인데, 이는 조선의 명나라에 대한 사대事大 정신을 상징하는 말이기도 했다. 노영민 씨가 2017년 12월 5일 주중대사로 시진핑 주석에게 신임장을 제정하면서 방명록에 '만절필동 공창미래萬折必東 共創未來'라고 적은 일도 있다.

경기도 가평군 조종암朝宗巖이란 바위에는 조선 선조宣祖의 친필 '만절필동 재조번방萬折必東 再造藩邦'이 새겨져 있다. 명나라가 임진왜란 때 다 망해 가는 조선을 구해 주었으니 영원히 충성하겠다는 의미였다. 충북 괴산군 화양서원에는 만동묘萬東廟가 있는데, 이는 명나라 신종과 의종의 신위를 모시기 위해 1704년 지은 사당이다. 그 옆 등산로 절벽에도 선조의 친필로 '만절필동'이 새겨져 있다. 문 의장이 펠로시 의장에게 왜 이런 선물을 했을까? 펠로시는 이런 선물을 받고 어떤 생각이 들었을까?

'독도새우 잡채'를 청와대 만찬 메뉴에 넣은 쇼

2017년 11월, 방한 중인 트럼프 대통령 부부를 위해 청와대에서 만찬 행사가 개최되었다. 이 행사에서 두 가지가 눈에 띄었다. 하나는 만찬 메뉴에 '독도새우 잡채'라는 것이 들어 있는 것이고, 다른 하나는 일본군 위안부 피해자 할머니가 참석한 것이었다. 미국 측에 '독도'와 '위안부 문제'를 하이라이트 하려 했으나, 저급한 쇼였다.

이스라엘 외교차관의 억지 쇼

2010년 1월 터키 TV가 방영한 드라마가 이스라엘-터키 관계에서 외교 문제로 비화되었다. 이스라엘 측은 이스라엘 정보요원이 팔레스타인 아동들을 납치하는 장면과 팔레스타인 노인들이 검문소에서 이스라엘 측이 쏜 총에 맞는 장면을 문제 삼았다.

아야론 이스라엘 외교차관은 이 문제를 제기하기 위해 이스라엘 주재 터키대사를 외교부로 초치했다. 아야론 차관은 터키대사가 앉게 될 소파를 자기가 앉을 소파보다 낮은 것으로 준비하고, 탁자에는 이스라엘 국기만 비치했다. 이런 면담에서는 자국 국기를 비치하려면 상대방 국기도 비치하는 것이 외교관례다.

이스라엘 측은 터키대사가 도착했을 때 복도에서 한참을 기다리도록 만들었다. 면담에 들어가기 전 아야론 차관은 카메라 기자를 향해 히브리어로 "보십시오. 나는 높은 소파에 앉았고, 터키대사는 낮은 소파에 앉았습니다"라고 말했다. (터키대사는 히브리어를 알아듣지 못했다.)

이런 사실이 알려지자 터키 정부는 이스라엘 측에 공식 사과를 요구했다. 이스라엘 측은 적당히 넘어가려 했으나 터키는 끝까지 사과를 요구했다. 아야론 차관이 결국 사과했다. 터키 정부는 대사를 부임 3개월 만에 귀임시켰다. 이스라엘 측에 대한 불만 표시였다.

올브라이트 미 국무장관이 착용하는 브로치

올브라이트 미 국무장관은 참석하는 행사의 성격에 따라 착용하는 브로치(핀)의 모양을 달리했다. 러시아 방문 때에는 독수리 모양, 중동 방문 때에는 비둘기 모양, 중동 평화협상을 중재할 때는 거미줄 모양의 브로치를 달았다. 1993년 유엔대사 시절에는 이라크와 관련된 기자회견을 하면서 뱀 모양의 핀을 달았다.

그는 2000년 3월 한국을 방문하면서 선버스트^{sunburst}(구름 사이에서 갑자기 비치는 강한 햇살) 브로치를 달았다. 김대중 대통령의 '햇볕 정책'을 지지한다는 의미였다. 같은 해 10월 평양을 방문했을 때는 하트 모양 브로치를 달았다.

대통령 부인의 '파란 나비' 브로치

　문재인 대통령과 부인 김정숙 여사는 2019년 6월 청와대에서 트럼프 대통령을 영접했다(트럼프는 혼자 방한했다). 이때 김 여사는 주황색 낙엽 무늬 원피스를 입고 왼쪽 가슴에 파란색 나비 모양의 브로치를 달았다. 김 여사는 하루 전 오사카 G20 정상회담에서도 부부 기념촬영 시 검은색 드레스 위에 '파란 나비' 브로치를 착용했었다.

　일부 네티즌들은 김 여사가 패용한 브로치가 2016년 사드THAAD 반대 시위 때 사용되었던 심벌과 비슷하다며 트럼프에게 사드 반대 메시지를 전달하려 한 것이라고 주장했다. 자유한국당(제1야당) 대변인도 페이스북에 "영부인이 그(파란 나비) 의미를 모를 리 없다. 사드보다는 북핵을 원한다는 뜻인가"라며 비난했다. 논란이 일자 청와대는 출입기자들에게 문자메시지를 보내 "김 여사 브로치는 단순한 청록색 나비 모양의 브로치로 사드와는 전혀 관계가 없다"고 해명했다.

　이 해프닝을 두고, 미국의 동아시아 전문가 고든 창 변호사는 한 한국 언론과의 인터뷰에서 김 여사의 파란 나비 브로치 착용은 "트럼프 대통령뿐 아니라 미국을 우롱하는 행동이었다"며 "트럼프가 (당시) 어떤 의미인지 잘 몰랐던 것 같은데 내가 트럼프였다면 '브로치 안 떼면 회담은 없다'고 말했을 것"이라고 했다.

아그레망 부여·신임장 제정에 걸리는 시간

2019년 8월 문재인 정부는 이수혁 더불어민주당 의원을 주미대사로 내정하고 미국 측에 아그레망을 요청했다. 그에 대한 아그레망(대사임명 동의)은 62일 만에 부여되었다. 통상 6주 정도 걸리는데, 이보다 훨씬 길게 걸렸다. 2003년 노무현 대통령이 한승주 전 외무부 장관을 주미대사로 내정하고 아그레망을 신청했을 때는 불과 9일 만에 부여되었다. 아그레망 부여에 걸리는 시간은 양국 관계의 긴밀도를 말해 주기도 한다.

대사가 새로 부임하면 그 나라 국가원수에게 신임장을 제정해야 공식 활동을 개시할 수 있다. 대부분의 나라에서 신임장 제정 행사는 부임한 대사들을 몇 명씩 모아서 실시한다. 한 명으로 하면 이는 각별한 예우다. 문재인 대통령은 2020년 1월 싱하이밍 주한 중국대사의 신임장을 받았다. 도착 8일 만이었다. 해리스 주한 미국대사의 경우는 18일 걸렸고, 도미타 주한 일본대사는 66일 걸렸다. (장하성 주중대사가 시진핑 주석에게 신임장을 제정하는 데는 50일 걸렸다.)

제2부

현장 탐방

순진하게 당한 이승만

시어도어 루스벨트 대통령(1901~1909 재임)은 1905년 6월 러일전쟁 강화협상을 중재했다. 이 협상은 조선의 운명에도 심대한 영향을 주게 되므로 고종은 이승만을 현지에 급파했다. 이승만은 워싱턴 D.C.에서 윤병구 목사(하와이 교민)와 만나 루스벨트 대통령에게 제출할 청원서를 작성해 뉴욕주의 오이스터 베이$^{Oyster Bay}$로 갔다.

이들은 1905년 8월 5일 루스벨트 대통령 보좌관을 만나 태프트 육군장관(오늘날의 국방장관)이 써준 소개장과 함께 청원서를 보여 주며 루스벨트 면담을 요청했다. 소개장은 태프트 장관이 하와이에 들렀을 때 윤 목사가 미국인 목사에게 부탁해서 받아낸 것이었다. 이승만 일행은 '내일 오전 9시까지 오라'는 연락을 받았다. 잔뜩 고무된 이승만과 윤병구는 다음 날 접견실로 갔다. 잠시 후 루스벨트가 불쑥 나타나더니 이렇게 말했다.

• Gentlemen, I am very happy to receive you. What can I do for you and your country? (반갑습니다. 당신들과 당신들 나라를 위해 무

엇을 해 줄 수 있을까요?)

이승만은 인사말이나 자기소개도 제대로 하지 못하고 청원서를 내밀 었다. 그러자 루스벨트는 대충 살펴보더니 이렇게 말하고 방을 나갔다.

• I would be glad to do anything I can in behalf of your country, but unless this memorial comes through official channels I can't do anything with it. (나는 당신 나라를 대신해 어떤 일이든 하고 싶다. 하지만 이 문서가 공식 채널을 통해 제출되지 않으면 내가 어떻게 할 수 없다.)

• If you send this to me through your legation, I will present it to the Peace Conference. Have your minister take it to the Department of State. (그러니 이 서류를 당신네 공사관에 제출하면서 국무부에 곧바로 접수시키라고 하라. 그러면 강화협상 테이블에 올리겠다.)

이승만과 윤병구는 날아갈 듯 기뻤다. 정신이 없을 정도였다. 이들은 곧바로 워싱턴으로 내려갔다. 나라의 운명이 좌우될 수 있다는 중압감과 중차대한 임무가 달성될 수도 있다는 기대감에 뜬눈으로 밤을 새웠다. 날이 밝자 주미駐美 공사관(오늘날 대사관)을 찾아가 김윤정 공사(오늘날 대사)를 만났다.

그런데 뜻밖에도 김 공사는 "본국 정부 훈령 없이는 서류를 접수할 수 없다"고 했다. 이승만은 하늘이 무너지는 것 같았다. "이게 무슨 말인가. 당신은 이런 식으로 나라를 배반할 수 있는가"라고 소리를 질렀다. 김 공사를 붙잡고 수 시간 동안 간청했다. 그런 와중에 김 공사의 부인이 두 자녀와 나타나서 남편을 거들었다. "이 선생님, 설사 당신이 우리 넷을 모두 죽여도 본국 정부 지시 없이는 어떻게 할 수 없는 일입니다." 이승만은 김윤정의 두 자녀를 향해 이렇게 일갈했다.

• 너희들은 네 아버지가 무슨 일을 하고 있는지 지금은 모른다. 후일 네 아버지가 너희들을 노예로 만들었다는 사실을 알게 될 것이다. 너희들 아버지는 지금 너희들의 자유를 팔아넘기고 있다. 너희들의 조국, 너희들의 국민을 배신하고 있다.

다음 날 아침 이승만과 윤병구는 다시 공사관을 찾아갔다. 김 공사는 공사관 문을 걸어 잠그고 이들의 진입을 막았다. 당장 돌아가지 않으면 경찰을 부르겠다고 위협했다. 흑인 경비원을 불러 이들이 다시 오면 쫓아버리라고 지시했다. 이승만과 윤병구는 문밖에서 털썩 주저앉고 말았다. 이들은 외교 경험이 없었다. 미국과 일본이 어떻게 움직이고 있는가에 관해 깜깜했다. 그저 루스벨트가 한 말만 철석같이 믿었다.

김 공사는 대한제국이 망할 것을 예상하고 진즉 일본 공사관과 내통하고 있었다. 루스벨트는 철저히 일본 편이었다. 강화협상 내내 일본을 거들었다. 일본은 고종이 이승만을 파견해 이런 활동을 할 것이라는 사실을 미리 알고 미국 측과 대응책을 마련해 놓은 상태였다. (김윤정은 1906년 워싱턴에서 귀국 후 일본에 협조한 대가로 전라북도 지사와 중추원 참의를 지냈다.)

이승만은 가쓰라 일본 총리와 태프트 미 육군장관 간 조선의 장래에 관한 논의가 있었다는 사실을 전혀 몰랐다. 모를 수밖에 없었다. '가쓰라-태프트 양해'를 통해 미국은 한반도 문제에서 일본의 독점적 지위를 인정했다. 루스벨트는 도쿄에서 이뤄진 이 양해를 이승만을 접견하기 며칠 전 승인했다. 루스벨트는 조선을 경멸했다. 스스로를 지키지 못하니 나라로서 존재할 가치가 없다고 생각했다.

이승만은 1941년 7월 출간한 책《일본내막기^{Japan Inside Out}》에 "어린애 같은 신념을 갖고 청원 외교를 펼쳤으나 그것은 가능한 일이 아니었다"고 썼다.

말의 힘이란 이런 것

미국의 40대 대통령 로널드 레이건(1981.1~1989.1 재임)은 말로 역사를 바꿨다. 말을 무기로 만들었다. 그의 말은 ▶일관성이 있었고, ▶언행이 일치되었으며, ▶진정성이 있었다.

레이건에게는 일찍이 꿈이 있었다. 소련 공산주의를 소멸시키는 것과 인류 전체를 핵전쟁의 공포와 위험에서 벗어나도록 하는 것이었다. 대통령이 되려 했던 것도 이 꿈을 실현시키려는 생각 때문이었다.

레이건은 일생을 통해 말words을 갈고 닦았다. 1932년부터 5년 동안 방송국 아나운서로, 1937년부터 17년간 영화배우로, 1954년부터 8년간 제너럴 일렉트릭(GE) 홍보대사로, 그리고 1967년부터 8년간 캘리포니아주 주지사로 일하며 말과 글을 연마했다. 대통령에 당선되기 직전까지 5년 동안 주 5회 라디오 논평을 했고, 주 2회 신디케이트 칼럼을 썼다. 이 칼럼은 미 전역의 226개 신문에 게재되었다.

레이건은 소련을 역사의 뒤안길로 내보내는 일이 무력만 갖고는 될 수 없고 '말의 힘'을 동원해야 한다고 믿었다. 레이건은 1981년 5월 인디애나주 노트르담대학에서 연설하면서 폭탄선언을 했다. "서방은 공산주의를 인류 역사에 나타난 하나의 괴이한 장^章으로 만들 것이다. 그 괴이한 장의 마지막 페이지가 지금 막 쓰여 지고 있다." 이로부터 1년여 지난 1982년 6월 영국 의회 연설에서는 "자유와 민주주의를 향한 행진은 마르크스레닌주의를 역사의 잿더미로 남겨놓을 것이다"라고 말폭탄을 날렸다. 이에, 많은 사람들이 레이건이 헛소리를 하고 있다고 코웃음을 쳤지만, 그는 이렇게 말했다.

• 우리는 그동안 소련의 비위를 거스를까 염려해 사실을 사실대로 말하는 것을 너무 주저해 왔다.
• 나는 마르크스레닌주의는 빈 찬장이나 마찬가지라고 생각한다. 이같은 사실은 1980년대 접어들면서 명확해졌지만 아무도 말하지 않았다. 사실을 사실대로 말해야 소련이 자신의 약점과 불안한 미래를 직시할 것이다.

레이건은 이로부터 10개월 후 또다시 소련의 심장부를 향해 더 강력한 말폭탄을 날렸다. 1983년 3월 플로리다주 올랜도에서 열린 복음주의자 연차 총회 연설에서 "나는 공산주의가 슬프고 괴이한 인류사의 한 장이라고 믿는다. 그 장의 마지막 페이지들이 지금 이 순간에도 쓰여 지고 있다"라고 했다. 심지어 소련을 '악의 제국^{Evil Empire}'으로 불렀다.

레이건이 특정 국가를 '악의 제국'이라고 부른 것은 심히 도발적이었다. 하지만 체코슬로바키아 반체제 인사 하벨은 이 연설을 "역사를 바꾼 말의 힘을 증명한 연설"로 규정했다. 소련·동유럽 국가 반체제 인사들은 비로소 공산주의의 본질을 아는 지도자가 등장했다고 생각해 엄청난 희망과 용기를 얻었다.

이런 일화도 있다. 1991년 소련이 소멸된 후 미–러시아 군축회담이 열렸다. 회담에 참석하고 있던 한 러시아 장군이 미국 대표에게 "당신들은 소련이 왜 망했는지 아는가"라고 물었다. 미국 대표가 머뭇거리자 그는 이렇게 말했다. "그 망할 놈의 '악의 제국' 연설 때문이었다. 소련은 실제로 '악의 제국'이었다."

레이건은 1987년 6월 베를린의 브란덴부르크 게이트 앞에서 연설하면서 "고르바초프 서기장, 당신이 평화를 추구하고, 소련과 동유럽의 번영을 추구하며, 자유화를 추구한다면 여기 이 게이트로 오시오. 고르바초프 서기장, 이 문을 여시오. 이 벽을 허무시오tear down this wall"라고 말했다. 이로부터 2년 5개월 후(1989.11.9.) 베를린장벽이 실제 무너졌다. 레이건이 쓴 'tear down this wall' 표현은 예언적이었다.

연설문 작성 과정에서 많은 참모들이 이런 표현에 극구 반대했다. 베이커 백악관 비서실장과 슐츠 국무장관은 이런 문구는 고르바초프 서기장에게 모욕적으로 받아들여질 가능성이 있으므로 외교적인 표현을 써야 한다고 진언했다. 영부인(낸시 레이건)까지 나서서 말렸다. 레이건은 1986년 8월 무려 세 번이나 "베를린장벽은 제거되어야 한다"고 언급했고, 이 연설이 있기 10일 전에는 서독 신문과 가진 인터뷰에서 "한마디로 우리는 베를린장벽이 무너지기를 원한다"라고 말했다. 연설 당일《디 벨트》와의 서면 인터뷰에서는 "소련 지도부가 자유를 통해 무엇인가 얻기를 원한다면 그들이 반드시 취해야 할 조치가 하나 있다. 그것은 베를린장벽을 허물고, 문을 여는 것이다"라고 말했다.

베를린장벽 붕괴는 레이건에게는 그 무엇과도 바꿀 수 없는 꿈이었다. 베를린장벽이 무너지는 것은 곧 공산주의가 무너지는 것을 의미했기 때문이다. 공산주의를 역사의 뒤안길로 보내는 일을 40년 동안 해온 레이건으로서는 이보다 더 중요한 일이 없었다.

말실수가 되레…

1989년 11월 9일 저녁 6시 53분. 귄터 샤보스키 동독공산당 대변인은 기자회견을 하면서 이날 오전 내각 결정사항을 읽어 내려갔다. 사흘 전 발표된 여행자유화 조치 이행계획에 관한 것이었다. 샤보스키 대변인은 "앞으로 여행 동기나 친인척 관계 같은 조건을 제시하지 않아도 자유롭게 국외여행을 신청할 수 있고 누구에게나 출국비자가 발급될 것이다"라고 말했다. 이어 기자들과의 일문일답이 이어졌다. 이탈리아 《안사ANSA통신》 특파원이 "새로운 여행 규정이 언제부터 발효되는가?"라고 물었다. 샤보스키는 "내 생각으로는 지금 당장"이라고 답변했다. 잘 모르면서 얼떨결에 한 답변이었다. 그는 당일 공산당 상임위원회 회의에 참석하지 않았기 때문에 새로운 규정이 다음 날부터 발효된다는 사실을 모르고 있었다.

언론들은 '베를린장벽이 무너졌다'는 제목의 기사를 긴급 타전했다. 저녁 7시 30분 동독TV를 통해 이 소식을 들은 동독인들은 믿어지지가 않아 서독 공영TV(ARD) 8시 뉴스를 보고 확인했다. ARD는 동독의 여행자유화 조치 발표를 긴급 뉴스로 내보냈다.

수많은 동독인들이 베를린장벽의 국경 검문소로 모여들기 시작했다. 동베를린 국경 검문소는 삽시간에 수천 명의 여행허가 신청자들로 인산인해人山人海를 이루었다. 그러나 국경 검문소 직원들은 관련 지시를 받지 못해 어쩔 줄을 몰랐다. 신청자들이 계속 늘어나 더 이상 통제할 수 없게 되었다. 밤 10시경 한 장교가 자신의 판단으로 바리케이드를 열었다. 그러자 동서독 주민들은 베를린장벽에 올라가 장벽을 부수기 시작했다. 국경 수비대의 보고를 받은 내무부 장관도 상황을 모르기는 마찬가지였다. 어쩔 수 없이 검문소 직원들이 취한 조치를 추인했다. 자정경에는 거의 모든 국경 통로가 열렸다.

샤보스키 대변인의 '말실수'가 베를린장벽 붕괴를 유발했다. 갑작스럽게 대두된 상황은 동·서독과 4대 관련국(소련·미국·프랑스·영국)을 당황하게 만들었다. 이런 극적인 사태가 전개되고 있는 상황에 헬무트 콜 서독 총리는 폴란드를 방문하고 있었다. 이로부터 10개월도 안 되어 분단되었던 독일은 하나가 되었다.

말로 해결한 공중 충돌 사건

2001년 4월 1일 미 해군 정찰기(EP-3)가 남중국해 상공에서 중국군 전투기(F-8)와 충돌했다. 중국 전투기는 추락했고, 조종사는 실종되었다. 24명의 승무원이 타고 있었던 미 정찰기는 가까스로 하이난海南 섬 군용비행장에 불시착했다. 미국은 이를 '사고'로 불렀으나 중국은 '사건'이라고 했다. 사고는 의도성이 희박하나, 사건은 의도성이 부인되지 않는다. 미국은 또 EP-3가 '정찰'을 하고 있었다고 했으나, 중국은 '첩보수집'을 하고 있었다고 주장했다. 불시착한 승무원들의 지위를 나타내는 용어에서도 차이를 보였다. 미국은 '억류자'로, 중국은 '인질'로 불렀다.

중국은 미국이 중국의 주권·영토고권·국가 존엄성을 침해했다며 사과를 요구했다. 미국은 잘못한 일이 없는데 무슨 사과냐고 되받아쳤다. 주권을 침해하지도 않았고, 정찰기가 중국 전투기에 대해 어떤 위험한 행동도 하지 않았다고 주장했다. 중국 외교부 저우언중 부장조리(차관보)는 프루어 미국대사에게 미 정찰기가 급작스레 왼쪽으로 방향을 튼 것이 충돌 원인이기 때문에 미국이 모든 책임을 져야 한다고 했다. 프루어 대사는 정찰기가 급작스레 방향을 트는 것은 물리적으로 불가능하다며 중국 측 주장을 반박하고, 불시착한 승무원 면담과 정찰기 점검 기회를 요구했다.

4월 2일 프루어 대사는 기자들에게 "승무원들이 32시간 동안 연락이 단절된 상태에 있는 것은 이해할 수 없고 받아들일 수 없는 일이며, 미 행정부 최고위 선에서 이를 크게 우려하고 있다"고 말했다. 그러면서 "이 문제가 원만히 해결되지 않으면 미중 관계에 부정적인 영향을 줄 수 있다"고 했다. 부시 대통령도 이날 성명을 발표하고, 중국 정부가 미국의 요청에 신속한 반응을 보이지 않는 것은 일반적인 외교관행과 양국 관계 발전에 대한 기대와 상충된다고 하면서 승무원들에 대한 즉각적인 접근을 요구했다.

그러자 장쩌민 국가주석도 나섰다. 그는 4월 3일 성명을 내고 미국이 이 사건에 대해 모든 책임을 지고 중국 인근에서의 비행을 중단하라고 요구했다. 주방자오 외교부 대변인은 미국의 공식 사과(다오치엔)를 요구했다. '다오치엔'은 공식적인 사과나 사죄를 의미한다. 부시 대통령은 "생산적인 양국 관계를 훼손시킬 가능성이 있으므로 승무원들이 조속 귀환해야 한다"는 입장을 공개적으로 표명했다. 파월 국무장관은 언론 브리핑에서 중국 전투기 조종사가 희생된 데 대해 유감regret을 표명했다.

4월 5일, 중국 외교부 대변인은 미국이 중국 국민들에게 공식 사과(다오치엔)를 해야 한다는 입장을 반복했다. 그러자 부시 대통령은 파월 국무장관이 언급한 수준의 유감을 표명했다. 이 단계에서 더 이상 진전이 없자 양측은 서신 교환 형식의 협상을 진행하기로 했다. 이 과정에서 중국은 미국에 '사과apology'를 요구했고, 미국은 '유감' 이상은 표명할 수 없다고 버텼다. '유감'과 '사과'는 큰 차이가 있다. '사과'를 할 경우에는 법적 책임·배상은 물론이고 향후 유사한 행동을 하지 말아야 한다. 미국이 'apology'라는 단어를 끝까지 받아들이지 않은 까닭이다.

프루어 대사는 4월 5일 탕자쉬안 외교부장에게 서한을 보냈다. 서한에는 조종사 실종에 대한 '우려concern'만 표시되어 있었다. 중국 측은 받아들일 수 없다며 거부했다. 미국은 4월 6일 새로운 문안을 제시했다. 발생한 '사고'에 대해서는 사과할 수 없다며, 조종사의 친지·동료들에게 유감을 표시한다고만 되어 있었다. 중국은 또 거부했다. 그러자 미측은 세 번째 문안을 제시하며 이 문안은 부시 대통령 결재를 받은 것으로 수정은 불가하다고 했다. 4월 7일 중국은 이 문안을 또 거부했다. 미측은 네 번째 문안을 내놓았다. 여기에는 5월 7일 이전에 정찰기가 중국을 떠나도록 허락해 주는 조건으로 '강도 높은 유감'을 표한다는 입장을 담았다. 중국은 전제조건은 받아들일 수 없다며 또 거부했다.

파월 국무장관은 4월 8일 구두로 'sorry'라는 단어를 썼다. 이어 부시 대통령도 'sorry'라는 단어를 사용했다. '사과'의 뉘앙스를 담은 단어로 'sorry'라는 단어를 썼던 것이다. 미 측은 'sorry'라는 단어를 사용해 다섯 번째 문안을 작성했다. 그러면서 미 정찰기가 "허가 없이 중국 영토에 들어갔다"라는 표현도 넣었다. "불시착한 정찰기를 5월 7일 이전에 반출할 수 있도록 해야 한다"는 문구는 삭제되었다.

중국은 또 거부했다. sorry라는 단어는 '유감'이나 '미안'의 의미를 나타낼 뿐 실수나 책임을 인정하는 의미가 없지 않느냐는 것이었다. regret과 apology를 양 끝에 놓고 sorry라는 단어를 위치시켜 본다면 regret 쪽에 더 가깝다고 본 것이다. 미국은 이번에는 sorry 앞에 'very'를 넣는 방안을 내놓으며, 이것은 좀 더 강도 높게 유감의 뜻을 나타내는 것이라고 했다. 중국 측은 협상을 더 끄는 것은 도움이 되지 않을 것으로 보고 'very sorry'가 regret ↔ apology 구간에서 apology 쪽에 더 가깝다고 간주해 이를 받아들였다. 첨예한 대립은 이로써 해소되었다.

중국은 미 측으로부터 사과 서한a letter of apology을 받았다고 발표했다. 그러자 파월 국무장관은 sorry라는 단어는 '사과'를 의미하지 않는다고 지적했다. 《워싱턴포스트》는 사과처럼 보이지만 사과가 아닌nonapology apology 방식으로 이 문제가 해결되었다고 보도했다.

한일 관계를 냉각시킨 실언

이명박 대통령(2008.2~2013.2 재임)은 2012년 8월 한국교원대에서 교사들과 일문일답을 하던 중 일본 천황의 한국 방문을 어떻게 생각하느냐는 질문에 다음과 같이 답변했다.

• 그렇게 한국에 방문하고 싶으면, 저 독립운동하다 돌아가신 분들 찾아가서 진심으로 사과를 하면 좋겠다 이거예요. 와 가지고 또 한 몇 달 단어를 뭘 쓸까, 통석의 염, 뭐 이런 단어를 찾아 그 단어 하나 쓸려면 올 필요 없다 이거예요.

일왕日王 방한은 양국 간 오랫동안 논의돼 온 사안이었다. 과거사 문제에 종지부를 찍는다는 차원에서 추진되어 왔다. 이명박 대통령은 당선자 시절이었던 2008년 2월《아사히신문》인터뷰에서 "미래지향적인 한일 관계를 만들기 위해 일왕의 방한을 환영한다"고 말한 바 있다.

이 대통령은 한일 과거사 문제를 푸는 근원적 처방은 일왕이 한국을 방문해 현충원과 독립기념관에서 진심 어린 사과를 하고 한국인은 일본을 용서하는 것이라는 생각을 갖고 있었다. 이 대통령은 바로 전날 국회의장단과의 청와대 오찬에서는 "국제사회에서 일본의 영향력도 예전 같지는 않다"라고 말했다. 일본인들의 자존심을 상하게 할 수 있는 언급이었다. 4일 전에는 한국 대통령으로는 처음으로 독도를 방문해 일본에서 거센 반발이 일어나고 있는 상황에 이런 말을 했다.

일본인들은 이 대통령 말에 감정이 몹시 상했다. 그렇지 않아도 일본인들은 2010년 중국과의 센카쿠열도 충돌 때 백기를 들다시피 했고, 2010년 세계 2위의 경제대국 자리를 중국에 내주었으며, 2011년 3월에는 동북대지진으로 사기가 떨어져 있었다. 이런 상황에 한국 대통령이 독도를 방문하고 천황을 폄하하는 발언을 했다. 일본 우파 정치인들은 이런 상황을 자기들의 정치적 목적에 이용했다.

이 대통령은 마치 일왕이 한국을 방문하고 싶어 하는 것처럼 말했는데, 일본 정부는 그런 의사를 한국 정부에 전달한 적이 없다고 했다. 겐바 외무상은 "나는 천황의 방한에 관해 한 번도 들은 바가 없다"고 말했다. 일본 총리실 관계자들도 "천황의 한국 방문과 관련해 한국 측과 협의한 바 없어 이 대통령의 발언이 뜻밖이다"라고 했다.

일본에서 격한 반발이 일자 청와대 고위관계자는 기자들에게 이 대통령의 발언은 "사전 계획된 게 아니라 행사에서 질문에 답하는 과정에서 나온 것이다. 원론적인 발언으로 취지와 문맥에 대한 일본의 오해가 있다"고 해명했다.

노다 총리는 8월 23일 중의원에서 이 대통령의 천황 관련 발언에 대해 "상당히 상식에서 일탈했다. 사죄하고 이를 철회해야 한다"고 말했다. 일본 중의원도 "지극히 무례한 발언이므로 결단코 용인할 수 없다"는 결의안을 통과시켰다. 아베 전 총리는 "일국 리더의 발언으로는 예의가 아니다"라고 했고, 친한파로 꼽혀온 마에하라 민주당 정조회장조차 "무례하기 짝이 없다"고 했다. 《아사히신문》은 "국가원수로서의 품격을 잃었다고 할 수 있다"고 했고, 《마이니치신문》은 "믿을 수 없는 발언"이라고 보도했다.

이 대통령은 일본 전문가들과의 청와대 회동(2012.9.5.)에서 자신의 일왕 관련 발언에 대해 "일본에서 가장 존경받는 일왕이 방한해 한마디 해야 (과거사 문제가) 훨씬 쉽게 해결된다"는 의미로 한 말이었다고 했다. 이 대통령은 "내가 한 발언의 진의가 왜곡돼 일본 언론에 잘못 보도된 것"이라고 했다. 하지만 이미 엎질러진 물이었다. 이후 한일 관계는 눈에 띄게 나빠지기 시작했다.

이 대통령의 언급은 천황이 일본 국민과 역사 속에서 차지하는 위상에 비추어 신중성이 결여된 것이었다. 국민들이 절대적으로 존경하는 인물을 이웃 나라 대통령이 이런 식으로 말하는 것은 적절치 않았다. 이 대통령은 '우리가 일왕이 사과해야 한다고 말 못 할 이유가 뭐가 있는가'라는 생각을 갖고 있었다. 문제는 외교에서는 같은 말도 때와 장소를 가리지 않으면 큰 실수가 될 수 있다는 것이다. 이 대통령의 실언은 한일 관계가 악화되는 단초가 되었다. 이런 일이 있은 후 일본의 많은 한류 팬들이 혐한^{嫌韓}으로 돌아섰고, 한국 드라마, 배우, 케이팝 스타에 대한 관심이 급격히 줄어들었다. 2012년 350만 명에 달했던 일본인 관광객 수가 2015년 184만 명으로 줄었다.

상황을 반전시킨 한마디

  마크 리퍼트 주한 미국대사(2014.10 부임)는 2015년 3월 5일 세종문화회관에서 열린 한 조찬 행사에 참석하고 있었다. 그런데 갑자기 한 남자가 달려들어 그를 밀쳐 눕히고 길이 25cm의 흉기를 휘둘렀다. 리퍼트 대사는 이 공격으로 오른쪽 얼굴 광대뼈에서 아래턱까지 길이 11cm, 깊이 3cm가량 찢어졌고 왼쪽 팔은 관통상을 입었다. 목에서 피가 솟구쳐 올랐다. 그는 과다 출혈을 막기 위해 침착하게 자신의 손으로 지혈하며 급히 병원으로 이동했다. 2시간 반 동안 80여 바늘을 꿰매는 대수술을 받았다. 상처가 1cm만 깊었어도 경동맥을 건드려 사망에 이를 수 있었다. 다행히 수술은 성공적이었다.

  리퍼트 대사가 피습을 당한 지 두 시간이 채 안 된 시점에 백악관 국가안보보좌관실은 "오바마 대통령이 리퍼트 대사에게 전화를 걸어 대사와 부인의 안부를 묻고 쾌유를 기원했다"는 입장을 밝혔다. 리퍼트 대사는 오바마 대통령이 상원의원 시절부터 친애한 사람이었다.

  중동을 순방 중이던 박근혜 대통령은 현지 시각으로 새벽 3시였음에도 사건 발생 13분 만에 보고를 받고 "이 사건은 주한 대사에 대한 신체적 공격일 뿐만 아니라 한미동맹에 대한 공격으로 결코 용납될 수 없다"는 입장을 발표했다. 박 대통령은 리퍼트 대사와 직접 통화도 하면서 조속한 쾌유를 기원했다.

리퍼트 대사는 수술 직후 자신의 트위터에 아래와 같은 글을 올렸다.

• 잘하고 있습니다. 기분도 좋습니다. 아내 로빈과 아들 세준, 애견 그릭스비와 저는 보내 주신 지지에 깊은 감동을 받았습니다. 한미동맹을 발전시키기 위해 빨리 복귀하겠습니다! 같이 갑시다!

이 글은 한국인들을 감동시켰다. "같이 갑시다"라는 한마디가 어려운 상황을 완전히 반전시켰다.

테러 참상을 이긴 공감 리더십

　뉴질랜드의 한 이슬람 사원에서 2019년 3월 15일 총기 난사 사건이 발생해 51명이 사망했다. 테러범들이 노린 것은 증오와 분열이었다. 이 비극적 사태에 아던 뉴질랜드 총리는 포용과 화합의 언어로 대응했다. 39세 여성으로 총리직을 맡고 있던 그는 신속하고 단호하게 이 참사의 후폭풍을 막았다. 이를 지켜본 세계인들은 그에게 찬사를 보냈다. 《뉴욕타임스》는 "테러에 대처하는 모범답안을 보여 줬다"고 평가했고, 영국 《가디언》은 "공감과 사랑, 진실성을 통해 진정한 리더십이 무엇인지를 세계에 보여 주었다"고 극찬했다.

　아던 총리는 테러 당일부터 무슬림 공동체를 향해 "뉴질랜드는 여러분들과 함께 애통해 하고 있다"며 "우리는 하나"라고 강조했다. 다음 날 사고 현장을 찾았을 때는 히잡(무슬림 스카프)을 쓰고 검은색 옷차림을 했다. 희생자 유족들에게 "나라 전체가 슬픔에 빠져 있다"며 진심 어린 위로의 말을 건넸다. '뉴질랜드시리아연대' 모임의 한 회원은 CNN과의 인터뷰에서 이렇게 말했다.

• 총리가 히잡을 쓴 건 상징적인 일이다. 그건 마치 '나는 당신을, 그리고 당신이 믿는 것을 존중합니다. 난 당신을 돕기 위해 여기 왔어요'라고 말하는 것으로 느껴졌다. 감명을 받지 않을 수 없었다.

아던 총리는 "테러범은 테러를 저질러 악명을 얻으려 했을 뿐"이라며 테러범의 이름을 절대 부르지 않았다. 이름을 세상에 남기려는 의도에 넘어가지 않았던 것이다. 의회 연설에서 "테러범은 악명을 얻으려 했지만, 나는 그의 이름을 입에 올리지 않겠다. 목숨을 앗아간 남자의 이름 대신 목숨을 잃은 희생자들의 이름을 불러달라"고 호소했다. '앗살람 알라이쿰'으로 연설을 마쳤다. '여러분에게 평화를'이란 아랍어였다.

3월 22일 저녁, 두바이에 있는 세계 최고층 빌딩 부르즈칼리파에 아던 총리의 모습이 새겨졌다. 히잡을 쓴 아던 총리가 테러 피해자 가족을 껴안고 눈을 감고 있는 모습이 건물 외벽 위로 한동안 밝혀졌고, 그의 얼굴 위쪽에는 '평화'라는 뜻의 아랍어와 영어가 쓰여 있었다. 아랍에미리트 총리 겸 두바이 군주는 트위터에 이 사진을 올리며 "뉴질랜드 테러범이 총기 난사로 전 세계 무슬림 커뮤니티를 뒤흔든 이후 아던 총리가 보여준 진정한 위로와 지지에 15억 무슬림이 존경의 마음을 전한다"고 적었다.

테러 직후 뉴질랜드로의 이민 희망자가 급증하는 현상이 나타났다. 3월 15일부터 10일 동안 뉴질랜드 이민국에 접수된 이주 희망 신청은 6,457건으로 그전 10일(4,844건)에 비해 33% 증가했다. 증가 폭이 가장 큰 이주 희망자 거주국은 미국으로, 테러 전 674건에서 테러 후

1,165건으로 73% 늘었다. 영국도 505건에서 753건으로 49% 증가했다. 이슬람 국가들의 증가율은 더 높았다. 이 테러로 자국 출신 이민자 9명이 희생당한 파키스탄은 65건에서 333건으로, 말레이시아는 67건에서 165건으로 늘었다.

아던 총리는 무슬림 희생자들에 대해 "그들이 우리"라며 공감의 리더십을 보여 주었다. 민감하고 어려운 상황을 반전시킨 훌륭한 리더십이었다.

비핵화 사기극?

　정의용 청와대 국가안보실장 일행(특사단)은 2018년 3월 6일 평양에서 김정은 위원장을 만나고 돌아와 국민들에게 방북訪北 결과를 발표하면서 "북측은 한반도 비핵화 의지를 분명히 했습니다"라고 했다. 김정은이 변화된 입장을 밝힌 것으로 이해되어 국민들의 기대를 한껏 높였다.

　정 실장은 곧바로 미국으로 건너가 트럼프 대통령을 면담하고, 북한이 비핵화 의지가 있다는 것과 김정은이 트럼프를 만나기를 원한다는 메시지를 전달했다. 정 실장은 면담 후 백악관 기자단 앞에서 트럼프 대통령이 김정은과 회담할 것이라고 발표했다. 6월 12일 싱가포르에서 실제 회담이 열렸다. 이후 트럼프 대통령은 2019년 2월 김정은과 하노이에서 두 번째로 만나는 등 톱다운 방식에 의한 비핵화 협상을 시도했으나 결국 아무런 성과를 만들어 내지 못했다. 그러는 사이 북한의 핵 능력은 더욱 강화되었다.

　3월 6일에 나온 정 실장의 대국민 발표문은 교묘하게 작성된 것이었다. "북측은 한반도 비핵화 의지를 분명히 했으며, 북한에 대한 군사적 위협이 해소되고 북한의 체제 안전이 보장된다면 핵을 보유할 이유가 없다는 점을 명백히 했습니다"라고 했다. '북한이 비핵화 의지가 있다'는 말을 먼저 하고 그다음에 전제조건을 말했다. 정 실장은 백악관 기자단 브리핑에서는 "김정은 위원장이 비핵화에 대한 의지를 갖고 있다"고만 말해 비핵화의 전제조건은 아예 생략했다. 이것도 의도적인 것이었다.

북한은 한 번도 '북한 비핵화'라는 용어를 쓴 적이 없다. '조선반도 비핵화'라고 했고 여기에도 조건이 붙었다. 이 점에서 북한 측 입장은 시종 일관성이 있었다. 오락가락한 적이 한 번도 없었다. 그런데도 문재인 정부는 김정은이 핵 폐기 의지를 갖고 있고 이 문제를 트럼프 대통령과 마주 앉아 협상하기를 원한다고 전달했다. 미국을 오도한 기만에 가까운 행동이었다. 때문에 일부 전문가들은 처음부터 문재인 정부가 하는 말과 행동을 의심했다. 근거가 있었다.

북한은 2016년 7월 정부대변인 성명으로 자기들이 말하는 비핵화란 남한 핵 폐기와 한반도 주변의 비핵화가 포함된 개념이라고 명시적으로 밝힌 바 있고, 리용호 북한 외무상도 2017년 "미국의 적대시 정책과 핵 위협이 근원적으로 청산돼야" 비핵화 협상이 가능하다고 말한 바 있다. 김정은이 특사단을 만났을 때 이런 입장에서 벗어난 말을 했을 리가 없다. 북한은 특사단 방북 3개월여 전인 2017년 11월 29일 '국가 핵무력 완성'을 선언했다. 그래 놓고 두 달 만에 핵 폐기 의지가 있다고 말한다는 것은 믿기 어려운 일이었다.

일이 이렇게 진행된 것은 청와대가 남북 정상회담과 미북 정상회담을 만들어 내려 한 데 원인이 있었다. 이런 판단을 뒷받침하는 근거가 있다. 서훈 국가정보원장은 2018년 3월 8일 워싱턴으로 가는 비행기에서 《조선일보》와 인터뷰를 했다. 기자가 이렇게 물었다. "김정은이 정말로 진정성 있는 비핵화 의지를 갖고 있다고 판단하나?" 서 원장은 이렇게 답변했다. "이런 일을 할 때는 상대의 의지를 가지고 판단하지 않는다. 상대가 한 말 중에서 의미 있는 것을 끄집어내 실천할 수 있게 만들어 가는 것이 중요하다." "상대의 의지를 가지고 판단하지 않는다"는 말은 중대한 사실을 노출했다. '김정은에게 비핵화 의지가 있느냐 없느냐는 중요하지 않다'라는 말이었다.

존 볼턴 전 백악관 국가안보보좌관은 2020년 6월 발간한 회고록에서 2018년 3월 문재인 정부가 보였던 일련의 행동은 "한국의 창조물creation"이라고 했다. '한국이 꾸며낸 것'이라는 의미였다. 볼턴은 김정은에게 미북 정상회담 아이디어를 꺼낸 사람이 정 실장이었다고 보았다. 볼턴만 그렇게 보지 않았다. 예를 들어, 30년 동안 조선노동당 간부로 일하다가 2016년 미국으로 망명한 리정호는 2019년 11월 트럼프 대통령에게 보낸 서한에서 "문재인과 김정은이 미국 대통령을 속였다"고 썼다.

문재인 대통령은 2021년 1월 18일의 신년 기자회견에서 "나는 김정은 위원장의 비핵화에 대한 의지는 분명히 있다고 생각한다. 다만 북한이 요구하는 것은 그 대신에 미국으로부터 확실하게 체제의 안전을 보장받고 미국과의 관계가 정상화돼야 한다는 것이다"라고 말했다. 정의

용 외교부 장관 내정자도 2021년 2월 5일 국회 인사청문회에서 "김정은 위원장의 비핵화 의사는 아직도 있다고 보고 있다"고 말했다. '의지'라는 것은 가변적이다. 때문에 말만 믿지 말고 행동을 보아야 한다. 북한이 보인 행동 어디에서도 핵 포기 의지를 읽을 수 없었다.

문재인·트럼프·김정은은 각자의 필요에 따라 상황을 이용하려 했다. 문재인은 자신이 원하는 방향으로 남북 관계를 끌어가려 했고, 트럼프는 2020년 대선을 염두에 두었다. 김정은은 세계 외교무대에 화려하게 등장하면서 핵 능력을 강화했다.

북한의 기상천외한 막말

북한 김정은 위원장은 2019년 2월 하노이 미북 정상회담 결렬 이래 온갖 막말로 문재인 대통령을 조롱하고 비하했다. 2019년 4월 12일 최고인민회의에서는 문 대통령을 향해 "오지랖 넓은 중재자·촉진자 행세를 그만하고 제정신을 가지고 제가 할 소리는 당당히 하라"고 요구했다. '오지랖 넓다'라는 말은 상대방의 태도나 행동이 몹시 못마땅할 때 쓰는 욕이다. 김정은은 문 대통령에 대해 화가 잔뜩 나 있다는 인상을 주었다.

북한은 2019년 6월 27일의 외무성 담화를 통해서는 문 대통령에게 "제집 일이나 똑바로 챙기라"고 했다. 같은 날 대남 선전 매체 《우리민족끼리》는 문 대통령이 6월 14일 스웨덴 국회에서 행한 연설을 두고 "어처구니없다", "경악 금치 못한다", "생억지", "궤변", "낭설"이라고 했다.

북한의 이런 자극적인 막말은 날이 갈수록 도를 더해 갔다. 문 대통령이 2019년 8월 5일 "남북 경협으로 평화경제가 실현된다면 단숨에 일본을 따라잡을 수 있다"라고 말한 데 대해 바로 다음 날 외무성 대변인 담화로 "맞을 짓을 하지 않는 것이 더 현명한 처사"라고 했다. 8월 11일에는 권정근 외무성 국장이라는 자가 나서서 청와대를 "겁먹은 개"에 비유했다. 북한은 8월 16일 문 대통령이 8·15 경축사에서 한 말에 대해 "삶은 소대가리도 앙천대소仰天大笑: 하늘을 보고 크게 웃다할 노릇"이라며 다음과 같이 빈정댔다.

• 이 시점에 뻐젓이 북미 대화를 운운하는 사람의 사고가 과연 건전한가.
• 아랫사람들이 써준 것을 그대로 졸졸 내리읽는 웃기는 사람, 정말 보기 드물게 뻔뻔스러운 사람, 웃겨도 세게 웃기는 사람.

북한은 문 대통령이 김정은을 한-아세안 특별정상회의에 초청하는 서한을 보낸 사실을 놓고서도 다음과 같이 비난했다.

• 저지른 잘못에 대한 반성과 죄스러운 마음으로 삼고초려를 해도 모자랄 판국에…
• 판문점과 평양, 백두산에서 한 약속이 하나도 실현된 것이 없는 지금의 시점에…
• 북남관계의 현 위기가 어디에서 왔는가를 똑바로 알고 통탄해도 늦은 때에…

북한의 문 대통령을 향한 조롱과 모욕은 그칠 줄 몰랐다. 2020년 1월 6일 문 대통령의 한 해외언론매체 기고문을 두고 "말 그대로 가소로운 넋두리, 푼수 없는 추태"라며 "아전인수 격의 궤변을 늘어놓을 것이 아니라 현실을 똑바로 보고 창피스러운 입방아를 그만 찧는 것이 좋을 것"이라고 쏘아붙였다.

김여정도 나섰다. 그는 2020년 3월 3일 〈청와대의 저능한 사고방식에 경악을 표한다〉는 제목의 담화를 냈다. 담화는 "청와대의 비논리적인 주장과 언동이 불신과 증오, 경멸을 증폭시키고 있다"며 "청와대의 행태가 세 살 난 아이들과 크게 달라 보이지 않는다"고 했다. "참으로 미안한 비유이지만 겁을 먹은 개가 더 요란하게 짖는다고 했다. 딱 누구처럼…"이라는 구절로 담화를 맺었다.

김여정의 막말 퍼레이드는 뉴노멀이 되었다. 2021년 3월 15일의 〈3년 전의 봄날은 다시 돌아오기 어려울 것이다〉는 제목의 담화에서는 문 대통령에 대해 "태생적인 바보라고 해야 할지 아니면 늘 좌고우면하면서 살다 보니 판별능력마저 완전히 상실한 떼떼가 되어버린 것은 아닌지 다시 보게 된다"고 했다. '떼떼'는 말더듬이 바보라는 말이다. 그러면서 "명백한 것은 이번의 엄중한 도전으로 임기 말기에 들어선 남조선 당국의 앞길이 무척 고통스럽고 편안치 못하게 될 것"이라고 비아냥거렸다. 김여정은 2021년 3월 30일의 담화에서는 문 대통령을 "미국산 앵무새", "철면피"라고도 했다.

북한이 한국의 역대 대통령에게 퍼부은 막말을 예시해 보자.

• 김대중: 여인숙을 운영하며 오가는 사람들의 봇짐과 부스러기 돈

을 떨어내는 간상배 출신.

- 이명박: 천하의 파렴치한 사기 협잡꾼. 덫에 갇힌 쥐 신세.
- 박근혜: 살인마. 악녀. 남녘땅을 거대한 무덤으로 만들어 버린 산당집(굿집) 여주인. 악담질의 능수. 철부지 계집애. 간특하고도 요사스러운 기생. 유신의 배설물. 유신 창녀. 늙다리 창녀. 더러운 민족 반역 매음부. 양키들의 매춘부. 아비를 개처럼 쏘아 죽인 미국에 치마폭을 들어 보이는 더러운 창녀. 백악관의 애완견.

아래는 북한이 미국 인사에게 쏟아 부은 막말이다.

- 트럼프 대통령: 광언망설과 흉언패설의 총합체. 트럼프야말로 박테리아. 바퀴새끼라고 불러 마땅한 버러지이며 인간 세상이 아니라 지옥이 더 어울리는 죽은 자. 몽둥이로 사정없이 때려잡아야 할 미치광이.
- 오바마 대통령: 아프리카 원시림속의 잰내비(원숭이) 상통(얼굴) 그대로이다. 인류는 수백만 년 진화했는데 아직도 잰내비 모양을 하고 있다. 아프리카 동물원의 원숭이 무리 속에 끼워 구경꾼들이 던져주는 빵 부스러기나 핥으면서 사는 것이 제격이다.
- 바이든 부통령: 미친 개 한 마리가 또 발작했다. 미친개는 한시바삐 몽둥이로 때려잡아야 한다. 저승 갈 때 된 미친개. 집권욕에 환장이 된 늙다리 미치광이. 치매 말기 증상이 겹쳤다.
- 라이스 국무장관: 암탉이 홰를 치니 백악관에 망조가 들었다. 범 무서운 바닷가 암캐처럼 캥캥 짖어댄다. 꼴뚜기가 뛰니까 망둥이까지 뛴다더니 부시가 범 무서운 줄 모르고 날치니까 치마 두른 라이스까지 그 모양인 것 같다.

• 볼턴 국가안보보좌관: 인간쓰레기. 흡혈귀. 구조적으로 불량한 자의 입에서 항상 삐뚤어진 소리가 나오는 것은 별로 이상하지 않으며 이런 인간 오작품은 하루빨리 꺼져야 한다.

중국 외교관들의 외교언어 파괴

중국 경제력은 2010년 일본을 제치고 세계 2위가 되었다. '중국은 떠오르는 해, 미국은 지는 해'라고 믿은 시진핑은 장기 집권 체제를 구축하면서 미국과 패권 경쟁을 시작했다. 그는 2019년 외교관들에게 친필 메모를 보내 국제적 도전에 더욱 강경한 입장을 취해야 하고 이 과정에서 '투쟁 정신'을 발휘하라고 지시했다. 그러자 중국 외교관들의 말이 거칠어지고 호전적이 되었다. 세계 곳곳에서 마찰을 일으켰다. 영국 BBC 방송은 중국 외교관들이 군대와 같은 집단이 되었다고 했다.

자오리젠 외교부 대변인은 2020년 3월 '미군이 바이러스를 중국 우한에 퍼뜨렸을 가능성이 있다'는 트윗을 올렸다. 그러자 트럼프 대통령은 '차이나 바이러스'란 표현을 사용하면서 반격을 가했다. 자오리젠은 2019년 11월 '파이브 아이즈Five Eyes: 미국·영국·캐나다·호주·뉴질랜드 5개국의 정보공유 시스템'를 겨냥해 "그들의 눈이 다섯 개건 열 개건 감히 중국의 주권·안전·이익을 해치려 들면 그들의 눈을 찔러 멀게 할 것임을 알아야 한다"라고 막말을 했다. 2020년 11월에는 "호주가 아프간 민간인을 살해했다"며 편집된 사진을 자신의 트위터에 올렸다. 이에 모리슨 호주 총리는

"터무니없고 모욕적"이라며 반박했다. 이후 중국-호주 관계는 악화 일로를 걸었다.

해외 주재 중국대사들의 언어에서 정중함은 옛날 얘기가 되었다. 서로 경쟁이라도 하듯 이 나라 저 나라 주재 대사들이 막말을 이어갔다. 2020년 1월 구이충유 스웨덴 주재 대사는 "48kg의 라이트급 권투선수가 86kg의 헤비급 선수에게 도발하며 불화를 일으키고 있다. 친절과 선의를 가진 헤비급 선수는 라이트급 선수에게 몸조심하라고 말하고 있다"고 말했다. 중국에 대해 좋지 않은 말을 하면 가만 놔두지 않겠다는 협박이었다. 구이 대사는 부임 2년간 40차례 이상 스웨덴 외교부에 불려가 해명을 요구받았다. 세계 외교사에 일찍이 없었던 일이었다.

류샤오밍 영국 주재 대사는 2020년 7월 기자회견에서 "영국이 우리의 파트너나 친구가 되지 않고 중국을 적대적 국가로 다룬다면 대가를 치르게 될 것"이라고 했다. 한 달 뒤에는 "영국 정부가 독립적, 합리적, 실용적인 대중對中 정책으로 돌아가 잘못된 길을 걷지 않기 바란다. 그렇지 않으면 모든 결과를 감수해야 할 것"이라고 엄포를 놓았다.

프랑스 주재 중국대사관은 2021년 3월 프랑스전략연구재단 연구위원이 대만을 편들고 중국을 비판한다는 이유로 이 연구원에게 "어린 불량배", "미친 하이에나"라고 막말을 했다. 프랑스 외교장관은 루사예 중국대사를 외교부로 불러 "앙투안 봉다즈 연구위원에 대해 취한 행동들을 받아들일 수 없다"고 항의했다. 그러자 중국대사관은 다음과 같은 글을 대사관 홈페이지에 올렸다.

• 누군가 중국의 국가이익과 이미지를 훼손하려 한다면 중국 외교관들은 목숨을 걸고 지켜야 한다. 누군가가 이런 중국에 '전랑 외교'란 이름을 붙였다. 만일 '늑대 전사'가 존재한다면 이는 중국을 물어뜯는 흉악한 미친개가 많기 때문이다.

중국 내부에서 우려의 목소리도 나왔다. '늑대 전사' 외교가 가져온 부정적인 영향을 경계해야 한다는 주장이었다. 한 전직 고위외교관은 "여러 나라와 동시에 맞서지 않는다는 것이 1,000년 중국 외교의 기본이었다. 이유는 간단하다. 사방四方에 적을 두는 것은 최악의 외교 전략이기 때문이다. 수많은 역사적 사실이 증명하듯, 여러 나라와 맞서는 것은 외교적 재앙일 뿐만 아니라 국가 전체의 재앙이다"라고 했다.

대통령들의 비외교적 언사

"북한을 완전히 파괴하겠다"

트럼프 대통령은 2017년 9월 유엔총회 연설에서 북한 김정은 위원장을 "자살행동 하는 로켓맨"이라고 했다. 같은 연설에서 "북한의 도발을 막아야 한다면 북한을 완전히 파괴시키는 것 외에 다른 방법이 없을 것we will have no choice but to totally destroy North Korea"이라고 했다. 유엔총회 연설에서 이처럼 비외교적인 언어를 사용한 예는 찾아보기 힘들었다.

북한은 강력 반발했다. 김정은 위원장 명의의 성명을 통해 트럼프를 "늙다리 미치광이"로 부르며 "불로 다스리겠다"고 했고, 리수용 외무상은 같은 유엔총회 연설에서 트럼프 연설은 "개소리"이고, 트럼프는 "과대망상 정신이상자"라고 했다.

트럼프는 한 달여 전에는 북한에 대해 "화염과 분노"라는 표현을 쓰기도 했다.

• North Korea best not make any more threats to the United States. They will be met with fire and fury like the world has never seen. (북한은 더 이상 미국을 위협하지 않는 것이 좋을 것이다. 북한이 위협을 계속한다면 세계가 지금까지 본 적이 없는 화염과 분노에 맞닥뜨릴 것이다.)

"이란이 미국과 싸우려 한다면 그것은 이란의 소멸"

트럼프 대통령은 2019년 5월 자신의 트위터에 "If Iran wants to fight, that will be the official end of Iran. Never threaten the United States again!^{이란이 싸우기를 원한다면, 이는 이란의 공식적인 소멸이 될 것이다. 다시는 미국을 위협하지 말라!}"이라고 올렸다.

트럼프 대통령은 2018년 7월에도 로하니 이란 대통령을 향해 다음과 같은 트윗을 날렸다. (글자를 대문자로 찍었다.)

• To Iranian President Rouhani: NEVER, EVER THREATEN THE UNITED STATES AGAIN OR YOU WILL SUFFER CONSEQUENCES THE LIKES OF WHICH FEW THROUGHOUT HISTORY HAVE EVER SUFFERED BEFORE. WE ARE NO LONGER A COUNTRY THAT WILL STAND FOR YOUR DEMENTED WORDS OF VIOLENCE & DEATH. BE CAUTIOUS! (로하니 이란 대통령에게: 절대로 또다시 미국을 위협하지 말라. 그렇게 할 경우 당신은 인류 역사상 보지 못했던

고통을 당할 것이다. 우리는 당신의 폭력과 죽음의 정신 나간 말들을 더 이상 듣고만 있지 않을 것이다. 조심하라!)

"김정일은 피그미"

조지 W 부시 대통령(2001.1~2009.1 재임)은 2002년 5월 북한 김정일 국방위원장을 "피그미"라고 불렀다. 피그미는 아프리카 적도 부근에 사는 키가 매우 작은 종족을 지칭한다. 같은 해 8월에는 "나는 김정일을 싫어한다. 자기 국민들을 굶주리게 만드는 사람이기 때문에 생각만 해도 속이 뒤집힐 정도로 기분이 나쁘다"라고 말했다.

그러자 북한(외무성 대변인)은 다음과 같이 반발했다.

• 부시야말로 히틀러를 몇십 배 능가하는 폭군 중의 폭군이고, 그러한 폭군들로 구성된 부시 일당은 전형적인 깡패 집단이다.
• 부시는 인간으로서의 초보적인 도덕도 갖추지 못한 정치적 미숙아이며 저열한 불망종(성질이나 행동이 고약한 사람)이다. 인간 추물이고 도덕적 미숙아다.

"버르장머리를 고치겠다"

김영삼 대통령은 1995년 11월 장쩌민 중국 국가주석과 가진 공동기자회견에서 "일본 정치인들의 망언이 계속되고 있다. (그들의) 버르장머리를 고치겠다"고 말했다.

이로부터 2년 후 한국에 외환위기가 닥쳤다. 수많은 기업들이 도산하고 국민들은 말할 수 없는 고통을 당했다. 당시 일본이 한국을 도와주었다면 이 위기를 피할 수도 있었다.

"각박한 외교전쟁도 있을 수 있을 것"

노무현 대통령은 2005년 3월 독도 문제로 한일 간 긴장이 고조되고 있었을 때 청와대 홈페이지에 〈국민에게 드리는 글〉을 올렸다. 그는 이 글에서 "각박한 외교전쟁도 있을 수 있을 것이다. …일본의 패권주의를 반드시 뿌리 뽑겠다"라고 했다.

"일본은 동맹국이 아니다"

한미일 정상이 2017년 9월 뉴욕에서 회동했다. 이 회동에서 아베 일본 총리는 일미한日美韓 3국 또는 일한日韓 합동군사훈련을 제안했다. 트럼프 대통령은 긍정적인 반응을 보였지만, 문재인 대통령은 "한국과 미국은 군사훈련을 하고 있고, 미국과 일본도 군사훈련을 하고 있으니 사실상 한미일 군사훈련을 하는 것과 마찬가지다"라는 논리로 반대를 표시했다. 그러면서 이렇게 말했다. "미국은 우리의 동맹국이지만 일본은 동맹국이 아니다." 아연실색게 하는 발언이었다.

"결코 좌시하지 않겠다"

일본 정부는 2019년 8월 2일 한국을 수출심사 우대국 명단에서 제외하는 결정을 했다. 문재인 대통령은 TV로 생중계된 국무회의에서 다음과 같이 말했다.

• 앞으로 벌어질 사태의 책임도 전적으로 일본 정부에 있다는 점을 분명히 경고한다.
• 일본의 조치로 인해 우리 경제는 엄중한 상황에서 어려움이 더해졌다. 하지만 우리는 다시는 일본에게 지지 않을 것이다.
• 가해자인 일본이 적반하장으로 오히려 큰소리치는 상황을 결코 좌시하지 않겠다.

제3부

생동감 있는
말과 글

간단명료해야 한다

　간명한 말과 글에는 힘이 실린다. 간결하면 할수록 메시지가 더 선명해진다. 문장이 짧을수록 더 생생하고 더 잘 이해된다. 흡입력 있는 글은 짧은 글短文이다. 굳이 없어도 되는 형용사나 부사를 과감히 버려라. 《어린왕자》 작가 생텍쥐페리는 "행복하게 여행하려면 가볍게 여행해야 한다"는 말을 했다. 말과 글도 마찬가지다. 생동감 있는 글을 쓰려면 간결하게 써야 한다.

　간단명료하기 위해서는 먼저 사안의 핵심과 문제의 본질을 알아야 한다. 아인슈타인은 "만약 당신이 어떤 문제를 간단히 설명할 수 없다면 그 문제를 충분히 모르고 있음을 말해 준다"라고 했다. 사람들은 복잡한 메시지에 귀를 기울이지 않으므로 어떻게든 단순하고 쉽게 전달해야 한다.

　인간의 뇌는 복잡하거나 생소한 것을 싫어한다. 기계적으로 작동하는 데 장애가 되기 때문이다. 뇌는 입력되는 것을 불과 0.3초 안에 처리한다고 한다. 단문短文을 좋아할 수밖에 없다.

오늘날 사람들은 정보의 홍수 속에 산다. 그러다 보니 다른 사람이 하는 말을 주의 깊게 듣거나 다른 사람이 쓴 글을 집중해서 읽지 않는다. 건성건성 보거나 듣는다. '1분의 법칙'이란 게 있다. 말을 1분 이상 끌지 말라는 것. 말하는 사람이 1분 말하면 듣는 사람은 5분으로 느낀다. 기자들이 기사를 쓸 때 핵심 내용만 간추리듯이 중요한 메시지는 앞부분에서 던지는 것이 좋다.

언어학자들에 의하면, 성인의 평균 집중력은 18분 정도에 지나지 않고, 사람들의 머릿속을 드나드는 생각은 매일 45,000~55,000건에 달한다고 한다. 소설가 마크 트웨인(1835~1910)은 "설교가 20분을 넘으면 죄인도 구원받기를 포기한다"고 했다. 효과적인 커뮤니케이션을 위해서는 메시지를 짧게 던져야 한다. 짧은 단어, 짧은 구절, 짧은 문단을 선호하라. 이런 농담이 있다. "훌륭한 대화란 미니스커트와 같다. 흥미를 잃지 않을 정도로 짧으나, 주제를 다 커버할 수 있을 정도로 길다."

철학자 파스칼(1623~1662)은 "시간이 더 있으면 더 짧게 썼을 텐데…"라는 말을 한 적이 있다. 짧게 쓰는 것이 길게 쓰는 것보다 더 힘들다는 말이다. 트웨인도 파스칼과 같은 말을 했다. "나는 짧게 편지를 쓸 시간이 없었다. 그래서 편지가 길어졌다."

스티브 잡스는 애플사Apple 공동창립자로 아이팟iPod, 아이폰iPhone, 아이패드iPad 등의 혁신을 이끈 사람이다. 그는 새로운 아이디어나 제품이 널리 사용되기 위해서는 디자인이 단순해야 한다고 믿었다. 아이폰과 아이패드의 버튼이 하나밖에 없었던 이유다. 말과 글이 그렇다.

Simplification is the ultimate sophistication!단순하게 만드는 것이 최상으로 세련되게 만드는 것이다!

인생에서 피할 수 없는 두 가지는?

죽음과 세금이다. 벤저민 프랭클린이 한 말이다. 무덤에 갈 때까지 피할 수 없는 것이 세금이라는 사실을 이렇게 간명하게 표현했다.

"It's the economy, stupid!"

조지 H W 부시(아버지 부시) 대통령은 외교 대통령이었다. 소련 붕괴와 독일 통일이라는 전환기적 사건을 다루는 과정에서 남다른 리더십을 발휘했다. 1990년 8월 이라크가 쿠웨이트를 침공했을 때는 34개 나라를 규합해 다국적 연합군을 만들어 이라크를 몰아냈다. 1991년 3월 미국인들을 대상으로 실시한 여론조사에서 무려 90%의 지지를 받았지만 대통령 재선을 노리던 1992년 8월 여론조사에서는 지지율이 64%로 떨어졌다. 경제가 문제였다. 미국 경제는 1980년대 초 이래 가장 심각한 경기후퇴에 빠졌고, 실직자들이 늘고 있었다.

1992년 11월 대선에서 민주당 후보였던 빌 클린턴은 부시의 이런 약점을 파고들었다. 클린턴은 아칸소 주지사 출신으로 지명도知名度가 낮았다. 그런데 선거 캠페인 구호로 "It's the economy, stupid!문제는 경제야, 바

보야!"를 만들어 유권자들의 마음을 사로잡았다. 클린턴은 선거인단 538명 중 370명을 확보해 여유 있게 승리했다.

"I Like Ike"

아이젠하워(1890~1969)는 제2차 세계대전 당시 유럽 전선의 연합군 사령관으로 노르망디상륙작전을 지휘한 장군이다. 그는 1952년 대통령 선거에 공화당 후보로 입후보해 민주당의 스티븐슨 후보를 누르고 당선되었다. 그는 대선 캠페인에서 자신의 애칭인 아이크를 활용해 "I Like Ike나는 아이크를 좋아해"라는 구호를 사용했다. 세 단어로 된 이 구호는 당선에 큰 도움이 되었다.

마음을 사야 한다

상대방의 생각이나 관점을 먼저 헤아려야 한다. 소통 실패의 가장 큰 원인 중 하나는 '상대'가 아니라 '나' 중심으로 생각하고 말하는 데 있다. 상대방의 마음이나 필요를 염두에 두지 않는 소통은 성공할 수 없다.

"당신이 무엇을 말하느냐보다 상대가 당신의 말을 어떻게 받아들이느냐가 더 중요하다. It's not what you say; it's what people hear." 《뉴욕타임스》 베스트셀러 《Words That Work통하는 말》라는 책을 쓴 프랭크 룬츠의 말이다.

운행 중지 중인 엘리베이터 앞에 '고장 수리 중'이라고 써 붙이는 것은 '내' 기준이다. '안전 강화를 위한 점검 중'이라고 써 붙이면 '고객' 기준이다. 매표소 간판을 '표 파는 곳'이라고 하는 것은 '내' 기준이고 '표 사는 곳'이라고 하면 '고객' 기준이다.

인간은 자기중심적이어서 자기 위주로 생각하고 자기 위주로 말한다.

그러면서도 자기가 한 말을 상대가 잘 알아들었을 것으로 착각한다. 아일랜드 극작가 버나드 쇼(1856~1950)는 "소통에서 가장 큰 문제는 소통이 잘됐다고 착각하는 것"이라고 했다. 소통에서 중요한 것은 상대가 내 말을 잘 알아들었느냐다.

상대방을 기준으로 소통해야 효과적이다. 공감 능력이 필요하다. 상대방의 감정·동기·상황 등을 헤아리며, 내가 상대방이라면 어떻게 느낄지 상상해보아야 한다. 커뮤니케이션 전문가 송숙희는 "내가 하고 싶은 말을 상대방이 듣고 싶은 말로 변환하라. 내 단어가 아니라 상대방의 단어를 사용하라"고 조언한다.

펩시콜라 최고경영자의 마음을 바꿔 놓은 말

1982년에 20대였던 스티브 잡스는 펩시콜라 최고경영자 존 스컬리(43세)를 영입하려고 작심을 했다. 스컬리는 펩시콜라를 코카콜라 반열에 올려놓았던 마케팅의 귀재였다. 잡스는 스컬리를 만나 의중을 떠보았지만 스컬리는 관심이 없었다. 그도 그럴 것이 컴퓨터·IT 분야는 그에게 너무나 생소한 분야였다.

잡스는 3개월 후 다시 스컬리를 만나 이렇게 말했다. "당신은 설탕물이나 팔며 당신의 남은 인생을 보내기를 원하는가, 아니면 나와 함께 세상을 바꾸기를 원하는가?You want to sell sugar water for the rest of your life, or do you want to come with me and change the world? "

스컬리는 마음을 바꿔 잡스와 합류했다. '세상을 바꾸는 사람'이라는 말이 그의 마음을 움직였다. 이로부터 10년 후 애플사의 매출액은 5억6900만 달러에서 83억 달러로 늘어났다. 스컬리 영입은 대성공이었다.

팔짱까지 낀 두 정적政敵

레이건 미 대통령과 오닐 미 하원의장은 지독한 정적이었다. 레이건은 공화당원이고 오닐은 민주당원이었다. 정치 철학도 정반대였다. 사사건건 부딪쳤고 다투었다.

레이건은 백악관에서 오닐을 위한 생일 파티를 열었다. 건배사를 하면서 "나는 천국행 티켓이 있는데 당신은 없다면 나는 그 티켓을 버리고 당신과 함께 지옥으로 가겠습니다If I had a ticket to heaven and you didn't have one, I would give mine away and go to hell with you"라고 했다. 참석자들은 박장대소했다. 파티를 마치고 나가며 레이건과 오닐은 다정한 연인처럼 팔짱을 꼈다.

언행일치 言行一致

말과 행동이 다른 사람의 말에는 무게가 실리지 않는다. 아리스토텔레스가 말한 설득의 3요소 중 에토스(인품)가 부족한 사람에게서 이런 현상이 나타난다. "Say what you mean, and mean what you say"라는 말이 있다. 행동으로 옮길 의향이 없으면 말을 하지 말며, 한번 말을 했으면 행동으로 옮기라는 경구다. "총을 쏘지 않을 양이면 빼 들지 말라"는 말을 남긴 미국의 시어도어 루스벨트 대통령(1858~1919)은 언행일치를 철칙으로 삼았다. 로널드 레이건 대통령도 그랬다. 이들이 하는 말은 강력한 무기와 같이 힘이 있었다.

파업 중인 공항관제사들을 모조리 해고

미 공항관제사 노조가 1981년 8월 임금 인상을 요구하며 파업에 들어갔다. 레이건이 대통령으로 취임한 지 7개월쯤 되었을 때였다. 법에 의하면 공항관제사들은 파업 행위를 할 수 없도록 되어 있다.

레이건은 파업 중인 관제사들에게 48시간을 주면서 그 시간 내에 업무에 복귀하지 않으면 전원 해고할 것임을 선언했다. 하지만 파업에 가담한 관제사들은 레이건이 그렇게 하지 못할 것으로 보고 파업을 멈추지 않았다. 파업으로 인해 항공사고가 발생하면 비난의 화살이 백악관을 향할 것이므로 레이건이 그런 일을 하지 못할 것으로 보았다. 예상은 완전히 빗나갔다. 레이건은 48시간 내 복귀하지 않은 관제사 13,000여 명 전원을 일시에 해고했다.

　이를 지켜본 소련 최고지도부는 레이건은 한번 말을 하면 반드시 행동으로 옮기는 사람이라고 생각하게 되었다.

일관성이 있어야 한다

말에 일관성이 있어야 한다. 한결같아야 한다는 것이다. 어제 한 말과 오늘 하는 말이 다르지 말아야 한다. '그의 말은 신뢰할 수 있다'는 평판은 말에 일관성이 있어야 가능하다. 당연한 이치다. 오늘 이렇게 말했다가 내일 저렇게 말하면 그런 말은 신뢰할 수 없다. 언제 또 바뀔지 모르는데 어떻게 믿을 수 있나. 국정운영에서도 마찬가지다. 정부가 하는 말에 일관성이 없으면 국민들의 신뢰를 얻기 어렵고 신뢰를 잃으면 국정을 효율적으로 운영할 수 없게 된다.

어제 한 말과 오늘 하는 말이 달랐던 트럼프 대통령

트럼프 대통령은 2019년 6월 메이 영국 총리와 기자회견을 하면서 "메이 총리와 같이 일하는 것이 대단히 즐거웠다"며 그가 "엄청난 전문가이자 나라를 몹시 사랑하는 사람"이라고 치켜세웠다. 영국의 유럽연합 탈퇴(Brexit)와 관련해서는 "메이 총리가 아주 일을 잘했다. 나보다 더 나은 협상가"라고 띄웠다. 한 달 후 트럼프는 메이 총리를 악평했다.

"나는 메이에게 브렉시트 협상을 어떻게 해야 할지 말해 줬지만 그는 멍청한 방법을 고집하다가 실패했다. 재앙과도 같다!"라고 깎아내렸다.

내전=국제전=남침

문재인 대통령은 2017년 9월 21일 유엔총회 연설에서 6·25전쟁이 "내전이면서 국제전"이었다고 했다. 2019년 6월 14일 스웨덴 국회 연설에서는 남북한이 "서로를 향해 총부리를 겨눈"일이었다고 묘사했다. 10일 후 6·25전쟁 참전 유공자와 유가족을 초청한 행사에서는 6·25를 북한의 남침이었다고 말했다. 6·25전쟁의 성격이 오락가락했다.

진정성이 있어야 한다

마음을 움직이는 것은 화려한 언변이 아니라 진정성이다. 진정성 있는 말과 글은 힘이 있고 설득력이 있다. 아무리 말을 잘하고 글을 잘 써도 진정성이 없으면 감동을 주지 못한다. 진정성은 거짓 없고 순수한 마음에서 나온다.

"충격의 도가니에 빠졌다"

봉준호 감독은 2020년 2월 20일에 문재인 대통령 초청으로 청와대에서 오찬을 했다. 영화 〈기생충〉이 아카데미 작품상 등 4관왕을 차지한 것을 축하하는 모임이었다. 이 행사에서 봉 감독은 문 대통령의 치하 말씀에 대해 이렇게 말했다. "대통령 말씀하시는 것을 보면서 충격의 도가니에 빠졌다. … 저도 한 스피치 하지만 너무나 조리 있게 또 정연한 논리적인 흐름과 완벽한 어휘의 선택을 하시면서 기승전결로 마무리하시는 것을 보고 충격에 빠졌다." 문 대통령의 A4용지 발언 모습에 익숙한 사람들에게는 고개가 갸우뚱해지는 말이었다.

솔직해야 한다

마음을 열고 하는 말은 듣는 사람의 마음을 얻을 수 있다. 반대로 일부러 꾸민 말은 상대도 이를 알아차린다. 꾸밈이 없어야 신뢰와 공감을 얻을 수 있다. 항상 곧이곧대로 말할 수는 없지만, 솔직한 것이 좋다.

영국인들을 빵 터지게 만든 윤여정

배우 윤여정은 2021년 4월 영국아카데미상 여우조연상 수상자로 선정되었다. 시상식에서 짧은 소감을 영어로 말했다. "모든 상이 의미 있지만, 이번 수상은 특히 무척 고상한 체 하는very snobbish 것으로 알려진 영국인들에게 명배우로 인정받은 것이어서 무척 기쁘고 영광스럽다." 이 말은 모든 좌중을 웃게 했다. 사람들은 그녀에게 반했다. 말을 마치자 시상식장에선 환호와 박수가 터졌다. 이유는 윤여정의 진솔함에 있었다. snobbish라는 단어는 자칫 오해를 부를 수도 있는 단어임에도 윤여정이 유쾌하고 솔직하게 말함으로써 되레 영국인들의 문화적 자긍심을 높여 주었던 것이다.

메르켈 독일 총리의 솔직 화법

2005년 취임한 메르켈 총리는 2021년 신년사에서 15년 재임 동안 2020년이 가장 어려웠던 한해였다고 말했다. 그는 코로나 상황을 있는 그대로 털어놓았다. 정부가 할 수 있는 게 별로 없다며 국민의 협조를 구했다. 솔직담백한 화법이었다. 평소 그의 소통 방식이 그러했다. 할 수 없는 일을 할 수 있는 것처럼 말하지 않았다. 국민들에게 신뢰감을 주었다.

조 바이든의 솔직 화법

바이든은 솔직 화법의 힘을 믿는 사람이다. 2020년 10월 트럼프와의 대선 TV토론에서 김정은 위원장을 "불량배^{thug}"라 불렀고, 이에 앞서 시진핑 중국 주석에 대해서도 "불량배"라고 한 바 있다. 대통령 취임 직후인 2021년 2월에는 미 CBS방송 인터뷰에서 "시진핑을 비난하기 위해 하는 말이 아니라 그는 민주주의적인 구석이 조금도 없는 사람이다^{He} doesn't have—and I don't mean it as a criticism, just the reality—he doesn't have a democratic, small D, bone in his body"라고 말했다. 상원 법사위원장 시절이던 1993년에는 세르비아의 밀로셰비치를 만나 면전에서 "당신은 전범이다. 법정에 세워져야 한다^I think you're a damn war criminal and you should be tried as one"라고 말한 바 있다.

더 듣고, 덜 말하라

사람들은 보통 남의 일에는 별 관심이 없다. 자기가 하는 일이 중요하고 자기가 하는 말이 중요하다. 때문에 대화를 하면서 부지불식간에 자기 말만 하며 상대방이 하는 말에는 주의를 기울이지 않는다. 건성으로 듣는다. 뇌 과학자들에 의하면, 인간은 남이 하는 말의 25~50% 정도만 받아들인다고 한다. 절반 이상을 흘려보낸다는 얘기다. 강연을 들을 때 청중들이 집중하는 시간이 처음 5~10분에 불과하다는 연구결과도 있다.

마크 트웨인은 "만약 인간이 더 말하고 덜 들어야 했다면 두 개의 혀와 하나의 귀를 가진 동물로 창조되었을 것"이라고 말했다. 코믹하지만 정곡을 찌르는 말이다. 말은 적게 하고 남의 말은 더 들을수록 좋다. 폼페이오 미 중앙정보국 국장은 2018년 3월 국무부 장관 지명 직후 전임 국무장관들에게 전화를 걸었다. 인사 겸 조언을 구하기 위해서였다. 이들의 조언은 한결같이 '더 들어라'였다.

캐나다 브리티시컬럼비아대학 마크 홀더 박사는 오랜 기간의 실증적

연구를 근거로 더 말해 보란 뜻의 'Tell Me More'라는 세 단어가 '당신의 인생을 바꿀 수 있다'는 결론을 내렸다. 상대가 말을 더 하게 만드는 것이 내 인생을 바꿀 수 있다는 주장이었다. 미 펜실베이니아대학 와튼스쿨의 스튜어트 다이아몬드 교수도 같은 말을 한다. 그는 150만 부 넘게 팔린《어떻게 원하는 것을 얻는가》라는 책에서, 원하는 것을 얻는 비결은 "Tell me more"라는 말이라고 했다.《말의 품격》,《글의 품격》으로 베스트셀러 작가 반열에 오른 이기주 씨는 "상대는 당신의 입이 아니라 귀를 원한다"며 "삶의 지혜는 종종 듣는 데서 비롯되고 삶의 후회는 대개 말하는 데서 비롯된다"고 썼다.

"Say more by saying less"란 말이 있다. 말을 적게 하는 것이 많이 하는 것보다 더 낫다는 의미다. 말을 많이 해야 더 나을 것 같은데 그렇지 않다는 것이다. 말을 잘 듣는 것이 더 효과적이고 더 유익하다는 것이다. 또 이런 격언도 있다. "The wise man has long ears and a short tongue." 현명한 사람은 더 듣고 덜 말한다는 의미다.

경청한다는 것은 수동적으로 듣고만 있는 것을 의미하지 않는다. 귀담아들으면서 동시에 적절한 반응을 보이는 것을 의미한다. 경청은 상대방의 관심 사항에 관해 흥미를 보이며 교감을 나누는 것이다. 경청은 또한 상대방의 표정, 제스처 등을 유심히 관찰하는 일이기도 하다.

박정희 대통령의 경청 리더십

'조국祖國 근대화'의 지도자 박정희(1917~1979) 대통령은 듣는 사람이었다. 반대의견도 경청했다. 시원찮은 보고라도 중간에 끼어들거나 중단시키지 않고 끝까지 들어 주었다. 다 듣고 나서 자신의 의견을 제시한 뒤 주무장관이 숙고하도록 만들었다.

역동적인 단어와 표현을 써라

팔딱거리는 생선과 죽은 듯 움직이지 않는 생선, 어느 쪽에 시선이 먼저 갈까? 과일이나 채소, 생선의 경우 신선도가 중요하듯, 말이나 글도 역동적인 것이 더 주목을 끈다. '그는 행복하다'를 표현할 때, 'He is happy'보다는 'He is beaming'이 훨씬 더 생동감이 있다.

청와대 85초, 평택기지 115초

북한은 2019년 8월 신형미사일을 시험 발사했다. 이 미사일은 자탄 수백 개를 탑재하고 있어 한 발로 축구장 3~4개 크기 지역을 초토화시킬 수 있을 만큼 위력적인 것이었다. 한 신문은 이 미사일이 청와대는 85초, 평택 미군기지는 115초면 도달할 수 있다는 헤드라인을 달았다.

감성을 자극하라

감성을 자극하는 말이나 글은 힘이 있다. E-motions provoke motion. 감정이 행동을 유발한다. 하버드대 가드너 교수에 의하면, 인간은 논리적으로 생각할 때는 이성을 지배하는 좌뇌가 작동하고 마음을 정할 때는 감성을 지배하는 우뇌가 작동한다. 마음에 영향을 미치는 속도 면에서 이성은 감성을 따라갈 수 없다. 감성이 3,000배나 빠르다. 인간은 이성보다 감성으로 반응한다는 것이다.

서울올림픽 주제가

〈손에 손잡고Hand in Hand〉는 1988년 서울하계올림픽 주제가였다. 이 주제가의 영어 가사에는 벽을 허문다는 뜻의 'breaking down the wall'이라는 구절이 들어 있다. 〈손에 손잡고〉는 올림픽 기간 내내 지구촌 곳곳에서 울려 퍼졌다. 동유럽에서는 올림픽이 끝난 다음에도 그랬다. 'breaking down the wall'이라는 구절이 주는 감동 때문이었다. 개혁을 희구하는 이들에게 서울올림픽은 변화의 기폭제가 되었다.

논리적이어야 한다

말이나 글은 논리적이고 이치에 맞아야 힘이 있다. 주장이 합리적이고 타당한 근거에 기초해야 설득력이 있다. 또한 앞뒤가 맞고 체계가 있으면 더욱 탄탄하다. 고대 그리스에서는 로고스, 즉 논리가 말 자체를 의미했다. 논리나 이치에 맞지 않으면 말이 아니라고 생각했다.

"세 치 혀로 적군을 물리쳐…"

993년 거란군軍이 고려를 침입했다. 고려 성종은 신하들을 소집해 "적진에 들어가 세 치 혀로 적군을 물리쳐 만세萬歲의 공을 세울 자 없는가"라고 물었다. 다들 침묵하는데 서희(942~998)가 "제가 부족한 점이 많으나 감히 왕명을 받들겠습니다"라며 적진에 들어가 소손녕과 담판을 벌였다. 서희의 논리 정연한 주장에 소손녕이 설득되었다. 고려는 이후 청천강~압록강 일대의 영토를 수복하고 여기에 방어 진지를 구축했다.

현실적이어야 한다

사람들의 관심을 끄는 일은 현재 일어나고 있거나 현실적으로 일어날 개연성이 있는 것들이다. 현실과 동떨어진 얘기는 공허한 것이고, 따라서 사람들의 마음을 끌기 어렵다.

이스라엘의 중국 설득

중국은 유엔 안보리에 올라온 이란 제재 결의안에 집요하게 반대했다. 미국이 수개월을 설득했으나 꿈쩍도 하지 않았다. 그러던 중 2010년 2월 이스라엘 고위대표단이 중국을 방문, 이란 핵개발 현황을 브리핑했다. 중국 측은 듣는 둥 마는 둥 했다. 그러자 이스라엘 대표단은 이스라엘이 이란을 공격할 경우 중국 경제에 미칠 영향을 설명했다. 중국 측은 바짝 긴장하고 들었다. 안보리 결의안은 결국 통과되었다.

문재인 대통령의 '평화경제론'

　문재인 대통령은 2019년 8월 청와대 수석·보좌관 회의에서 "남북 간의 경제협력으로 평화경제가 실현된다면 우리는 단숨에 일본의 우위를 따라잡을 수 있다"고 말했다. 막연한 얘기였다. 어느 세월에 남북한이 경제적으로 통합되어 일본을 따라잡을 수 있다는 것인지 알 수 없었다. 문 대통령은 10일 후 광복절 경축사에서도 "평화경제에 우리가 가진 모든 것을 쏟아 부어 '새로운 한반도'의 문을 활짝 열겠다"고 했다. 공허한 말이었다. 북한은 바로 다음 날 "삶은 소대가리도 하늘을 쳐다보며 크게 웃을 노릇"이라고 일축했다.

‘우리we’ 어법

사람들은 일체감을 느끼고 싶어 한다. 인간은 진화 과정에서 소외가 생존에 해롭다는 것을 체득했을 것이다. 다른 사람들과 하나가 되어야 더욱 안전하다고 느낀다. 소속감·일체감을 느끼는 것은 심리적인 안정감과 만족감을 준다. 조직의 장長이 이 어법을 쓰면 조직원들이 일체감을 느끼게 된다.

레이건 대통령 고별사

레이건은 1989년 1월 대통령 임기를 마치고 백악관을 떠나면서 다음과 같은 문장이 들어간 고별사를 했다. 짧은 문장에서 'we'를 여섯 번이나 썼다.

• My friends: We did it. We weren't just marking time. We made a difference. We made the city stronger, we made the city freer, and we left her in good hands. (국민 여러분, 우리는 해냈습니

다. 우리는 제자리걸음을 하지 않았습니다. 우리는 차이를 만들었습니다. 우리는 미국을 더 튼튼하게 만들었고, 더 자유롭게 만들었습니다. 미국을 좋은 상태로 만들어 놓았습니다.)

시각적으로, 스토리로 포장하라

"한 장의 사진이 백 마디 말보다 낫다"는 말대로 시각적으로 만들면 전달력이 높아진다. 사람들이 귀로 듣는 것은 20~25% 정도가 뇌에 입력되는데 눈으로 보는 것은 80% 이상이 입력된다고 한다.

또한, 메시지를 스토리에 담아 전달하면 뇌리에 쉽게 그려지고 오래 저장된다. 연상^{聯想} 효과 때문이다. 인간은 이야기 속에 살아간다. 사람들은 이야기를 듣고 전달하려는 욕구가 있다. 생생한 이야기로 전달하면 듣는 사람들의 머릿속·가슴속에 오래 남는다. 존 F. 케네디 대통령은 1961년 1월 20일의 취임사에서 "Now the trumpet summons us again^{지금 나팔 소리가 우리를 다시 부르고 있습니다}"이라는 표현을 썼다. 진군의 나팔 소리가 들리는 것 같다. 새로운 각오로 새로운 출발을 하고 싶은 생각을 갖게 만든다.

'Morning Again in America'

1984년 재선에 도전한 레이건은 선거 캠페인 슬로건으로 'Morning Again in America'를 썼다. '새로운 아침을 맞이하는 미국'이라는 표현이 유권자들에게 어떤 느낌을 주었을까? '아침'은 활기찬 시작을 연상시킨다. 레이건이 재선되면 미국은 또다시 활기가 넘치는 새로운 나라가 될 수 있다는 느낌을 주었다.

튀니지 소도시에서 발생한 사건

무함마드 부이지지(26세)는 대학을 졸업했지만 연줄이 없어 취업을 못 하고 무허가 청과물 노점상으로 생계를 잇고 있었다. 그는 2010년 12월 17일 경찰 단속에 걸려 바나나 7kg, 사과와 배 다섯 상자를 빼앗겼다. 노점상으로 여섯 명의 동생을 돌보며 생계를 꾸려 가던 그는 살길이 막막해졌다. 세 번이나 시청에 찾아가 선처를 호소했지만, 모욕만 당했다. 부패한 경찰에게 뇌물을 바칠 형편이 못되었던 그는 시청에서조차 문전박대를 당하자 시청 앞에서 분신자살을 했다.

이 장면은 부패와 독재에 시달려 온 시민들의 분노에 불을 붙였다. 시민들은 거리로 뛰쳐나왔고, 23년간 철권통치해 온 벤 알리 대통령은 2011년 1월 14일 망명을 떠났다. 세계 언론들은 분신자살 사진과 함께 이 스토리를 전했다. 그러자 중동과 북아프리카의 독재국가에서 민중봉기가 일어났다.

이름을 잘 지어야

언어가 사고를 지배하듯 이름(명칭)이 사람들의 생각과 행동에 영향을 미친다. 때문에 이름을 잘 짓는 일은 무엇보다 중요하다. 공자는 "이름이 바르지 못하면 말이 순리에 어긋나고, 말이 순리에 어긋나면 일을 이루지 못한다"고 했다.

'햇볕정책'

김대중 대통령(1998.2~2003.2 재임)은 북한과의 화해와 협력을 추구하는 정책을 펴면서 이 정책에 '햇볕정책'이라는 이름을 붙였다. 실상 이 명칭은 이솝우화의 '북풍과 태양'에서 따온 것이다. '겨울 나그네의 외투를 벗긴 것은 북풍이 아니라 햇볕'이라는 스토리다.

북한은 이것은 '트로이 목마' 같은 것이라며 반발하고 경계했다. "반북反北 대결, 반통일 정책"이라고 하더니(1998.8) "북한을 얼려 넘기려는 기만정책"이라고 했다(1999.2). 외무성 대변인 성명으로 "북한을 개혁·개방으로 유도하여 자유민주주의 체제에 흡수 통일하려는 모략책동"이라고 했다(1999.8). 백남순 외무상은 "햇볕정책은 화해·협력의 미명 아래 우리의 사회주의 제도를 이질화시켜 저들의 자유민주주의 체제에 흡수 통일시키자는 악랄한 반북 대결 모략 책동"이라고 비난했다(1999.9.27). 햇볕정책이라는 이름은 북한의 이러한 반발을 사기에 충분했다.

수사적 기법을 활용하라

① 반복법

제임스 베이커 백악관 비서실장은 레이건 대통령에게 "대통령님이 우선적으로 해야 할 일이 셋 있습니다. 경제 회복, 경제 회복, 경제 회복입니다"라고 말했다.

② 병행배열법parallelism, 교차대구법對句法, chiasmus

• 삶은 무겁고 죽음은 가볍다.

- 소설가 김훈

• 뭉치면 살고 흩어지면 죽는다.

- 이승만 대통령, 1950년 10월 27일의 평양 탈환 환영 시민대회

• The longer you can look back, the farther you can look forward. (더 길게 뒤를 되돌아볼수록 더 멀리 앞을 내다볼 수 있다.)

- 윈스턴 처칠

• That's one small step for a man, one giant leap for mankind. (한 인간에게는 작은 발걸음이지만, 인류에게는 거대한 도약이다.)

- 우주비행사 닐 암스트롱, 1969년 7월 21일 인류 최초로 달에 발을 딛는 순간

• And so, my fellow Americans: ask not what your country can do for you—ask what you can do for your country. (그러므로 국민 여러분! 국가가 여러분을 위해 무엇을 해 줄 것인가를 묻지 말고, 여러분이 국가를 위해 무엇을 할 수 있을까를 물으십시오.)

- 케네디 대통령, 1961년 1월 20일의 취임사

• I now begin the journey that will lead me into the sunset of my life. I know that for America there will always be a bright dawn ahead. (저는 이제 제 인생의 황혼으로 가는 여행을 시작합니다. 하지만 미국에게는 언제나 밝은 새벽이 기다리고 있습니다.)

- 레이건 전 대통령,
1994년 11월 자신이 알츠하이머 진단을 받았다는 사실을 알리는 대국민 서한

• If trust is present, anything is possible. If it is absent, nothing is possible. (신뢰가 있으면 무엇이든 가능하지만, 신뢰가 없으면 아무것도 가능하지 않다.)

- 조지 슐츠, 2020년 12월 자신의 100년 삶을 회고하며

③ 수사적으로 묻기

1980년 미국 대선에서 공화당의 레이건 후보는 재선을 노리는 민주당의 카터 후보와 맞섰다. 이 선거에서 레이건은 "국민 여러분, 지금 4년 전보다 형편이 나아졌습니까?Are you better off today than you were four years ago?"라는 구호를 썼다. 경제 문제는 카터 후보의 가장 큰 약점이었다. 그의 재임 기간 동안 미국 경제는 대공황(1929~1941) 이래 최악의 상황이었다. 1980년 인플레이션은 무려 13.5%에 달했고, 실업률과 이자율도 각각 7%, 21.5%에 달했다. 그러나 레이건은 이런 통계 수치를 들

어 공격하는 대신 수사적으로 경제 문제를 다뤘다. 레이건은 50개 주 중 44개 주에서 이겼다. 압승이었다.

④ 반전反轉법

• 처칠을 지독히 싫어한 한 여성이 처칠에게 다가와 이렇게 말했다. "처칠 씨, 내가 당신 부인이라면 당신이 마시는 커피에 독을 타겠습니다." 처칠은 이렇게 대꾸했다. "마담, 당신이 내 아내라면 나는 그 커피를 마시겠습니다."

• 1984년 미국 대선 때의 일이다. 재선을 노리는 공화당의 레이건 후보가 민주당의 먼데일 후보와 TV토론을 벌이고 있었다. 패널 리스트가 레이건에게 "대통령직을 감당하기에는 나이가 너무 많지 않습니까?"라고 물었다(레이건은 73세였고, 먼데일은 56세였다). 이에 레이건은 "나는 이번 선거에서 나이를 문제 삼지 않기로 했습니다"라고 운을 뗀 다음, "따라서, 나는 내 경쟁자의 젊음과 미숙함을 정치적 목적에 이용하지 않겠습니다"라고 했다. 청중석에서 박장대소가 터졌고 먼데일 후보도 이를 드러내 웃고 말았다.

• 크레티앵 캐나다 총리는 총리직을 세 번이나 연임했을(1993~2003) 정도로 성공한 정치인이었다. 그는 선천적으로 안면 신경 마비를 앓아 한쪽 귀가 안 들렸다. 1993년 총선 유세에서 크레티앵은 이렇게 말했다. "여러분, 저는 언어장애를 갖고 있습니다. 그 때문에 오랫동안 고통스러웠습니다. 지금도 제 생각과 제 뜻을 여러분들에게 다 말씀드리지 못할까 걱정입니다. 하지만 인내심을 갖고 들어봐 주십시오. 어눌한 발음이 아니라 저의 생각과 뜻을 살펴 주십시오." 상대 진영은 "한 나라를 대표하는 총리에게 언어장애가 있다는 것은 치명적 결점이 아닙

니까!"라고 목소리를 높였다. 크레티앵은 이렇게 답했다. "그렇습니다. 저는 언어장애로 말을 잘 못합니다. 그래서 거짓말도 잘 못합니다." 청중들은 박수를 치며 환호했다. 크레티앵은 이 선거에서 압승했다.

제4부

이런 어법은
피하라

왜곡·과장·거짓

왜곡·과장은 ▶중요 사항을 의도적으로 생략하거나, ▶특정 내용을 지나치게 강조하거나, ▶절반의 진실을 전부의 진실인 것처럼 말하거나, ▶본질·핵심을 호도하거나, ▶애매모호하게 얼버무리는 등의 방식으로 행해진다. 국가지도자들이 대내외정책을 국민들에게 홍보하기 위해 왜곡·과장을 하는 경우가 흔하기 때문에 국민들이 유의해서 보고 듣는 수밖에 없다.《워싱턴포스트》조사결과에 따르면 트럼프 대통령은 재임 4년 동안(2017.1~2021.1) 매일 평균 21건(총 30,573건)의 사실과 다른 말을 했다.

"세계가 직면한 위협을 해결했다"

트럼프 대통령은 2018년 9월 유엔총회 연설을 하면서 "나는 세계가 직면한 위협을 해결했다. 인류의 더 밝은 미래를 위한 비전을 제시했다"라며, "나의 행정부는 채 2년도 되지 않았는데 미국 역사상 그 어떤 전임자들보다도 더 많은 걸 성취했다"고 말했다. 누가 보아도 왜곡이며 과장이었다.

연설을 듣고 있던 사람들 사이에서 킥킥거리는 소리가 났다. '지금 무슨 얘기를 하는 거지?' 하는 생각이 들었기 때문이다. 분위기에도 맞지 않았고 공감도 할 수 없는 주장이었다. 진지한 표정으로 연설을 하던 트럼프는 당황한 모습으로 잠시 멈추고 "진짜라니까"라고 강변했다. 그러자 조롱조의 웃음소리가 더 커졌다. 트럼프는 난감한 표정으로 피식 웃더니 혀를 날름 내밀고 "이런 반응을 기대한 것은 아니었는데… 그래도 괜찮다"라고 했다. 청중석에선 아예 폭소와 박수가 터졌다. 초현실적 장면이었다.

트럼프의 과장 어법: 100%, very very

트럼프 대통령은 2017년 2월 일본 아베 총리와 가진 회담에서 "위대한 동맹인 일본을 100% 지지한다"고 했다. 공동기자회견에선 'very very'를 일곱 번이나 썼다. 같은 해 11월 전화통화에서는 "우리는 100% 일본과 함께한다"고 했다.

그는 2018년 1월에는 문재인 대통령과 전화통화를 하면서 "미국은 100% 문 대통령을 지지한다"고 말했다. 1월 6일 신년 기자회견에서도 "남북대화를 100% 지지한다"고 말했다. '100%'라는 단어가 입에 발렸다. 2018년 12월에는 시진핑 주석과 만난 후 "시진핑 주석이 북한 문제에 대해 100% 협력을 약속했다"고 밝혔다. 하지만 왕이 중국 외교부

장은 이는 사실이 아니라고 부인했다.

새빨간 거짓말

트럼프 대통령은 2019년 10월 백악관 각료회의에서 "오바마는 김정은과 11번 통화를 시도했지만 김정은이 전화를 받지 않았다. 하지만 김정은은 내 전화는 받는다"고 말했다. 라이스 전 국가안보보좌관은 이 말이 "완전한 거짓말이며 망상"이라고 일축했다. 《워싱턴포스트》도 "완전한 날조 수준의 거짓말"이라고 보도했다.

"후쿠시마 원전 사고로 1,368명이 사망했다"

문재인 대통령은 2017년 6월 19일 고리 1호기 원전 영구 정지 기념식에서 "2011년 일본 후쿠시마 원전 사고로 5년 동안 1,368명이 사망했다"고 말했다. 이어 "사고 이후 방사능 영향으로 인한 사망자나 암 환자 발생 수는 파악조차 불가능한 상황"이라고 했다. 후쿠시마 원전 사고 발생 직후 숨진 사람은 2명이었다. 그것도 방사능 과다 피폭이 아니라 쓰나미 때문이었다.

12일 만에 들통 난 거짓말

　문재인 대통령은 2019년 6월 스웨덴 총리와 공동기자회견을 하면서 "지금 남북 간에도 다양한 경로로 소통이 이뤄지고 있다. … 우리 정부 들어와 남북 간에 다양한 경로로 소통이 항상 이루어지고 있다"라고 말했다. 북한 외교부 권정근 미국담당국장은 담화를 통해 "남조선 당국자들이 지금 북남 사이에 다양한 교류와 물밑대화가 진행되고 있는 것처럼 광고하고 있는데 그런 것은 하나도 없다"라고 일축했다.

유치제안서도 내지 않은 상황에

　청와대는 2019년 10월 주한 외교단 초청 리셉션을 개최했다. 리셉션에서 문 대통령은 "평창으로 모아 주신 평화와 화합의 열기가 2032년 서울-평양 올림픽까지 계속될 수 있도록 여러분의 변함없는 관심과 지지를 당부드린다"고 말했다. 국제올림픽위원회(IOC)에 유치제안서를 낸 상황도 아닌데 이렇게 말했다. 리셉션에는 111개국 대사와 17개 국제기구 대표들이 참석하고 있었는데, 이들에게 어떤 생각이 들었을까? 서울시는 2021년 4월 1일에야 IOC에 유치제안서를 냈다.

"우리는 북한 인권 향상을 위해 노력해 왔다"

　최○○ 외교부 제2차관은 2021년 2월 23일 제46차 유엔인권이사회 연설에서 "한국 정부는 북한 인권 상황에 깊은 관심과 우려를 가지고 국제사회와의 협력 하에 북한 주민의 인권을 실질적으로 향상하기 위해 노력해 왔다"고 말했다. 한 신문은 사설에서 "소가 웃을 일"이라며 "문재인 정부가 북한 관련하여 지금까지 한 거짓말 중에서 최악의 거짓말"이라고 썼다.

문재인 정부는 유엔 북한인권결의안 제안국에 3년 연속 불참했고 2020년 12월에는 대북전단금지법을 만들었다. 2019년에는 귀순 의사를 밝힌 탈북어민 2명을 강제 북송한 일도 있었다. 미 의회 내 초당적 인권기구인 '톰 랜토스 인권위원회'는 2021년 4월 15일에 대북전단금지법 및 북한 인권 문제에 관한 청문회를 개최했다.

강변 强辯

사리나 도리에 맞지 않는 말, 일방적으로 강요하는 주장은 설득력이 없다. "말은 부드럽게 하라"라는 말대로 부드러운 말 속에 뼈있는 메시지를 담아야 한다. 합당하지 않은 말을 세게 하면 역효과만 가져온다.

"양국 관계가 순식간에 파괴될 것이다"

추궈훙 주한 중국대사는 2016년 2월 김종인 더불어민주당(야당) 비상대책위원회 대표를 만나 다음과 같이 말하고 이런 사실을 언론에 공개했다. 의도적으로 벌인 일이었다.

• 사드 미사일의 한국 배치는 중국의 안보 위기를 초래하기 때문에 만약 한국이 사드 미사일 배치를 결정할 경우 어쩔 수 없이 양국 관계가 순식간에 파괴될 것이며, 이는 한반도와 동북아 지역의 전략적 균형을 깨트리고 결과적으로 냉전식 대결과 군비경쟁을 초래할 것이다.

"양국 관계가 순식간에 파괴될 것"이라는 말은 외교어법에서 크게 벗어난 강변이었다.

"우리가 완벽하게 통제하고 있다"

미국에서 2020년 1월 20일 코로나19 첫 확진자가 나왔다. 관련하여, CNBC 기자가 트럼프 대통령에게 "코로나19가 팬데믹이 되는 것 아니냐"고 물었다. 이에 트럼프 대통령은 "절대 아니다. 우리가 완벽하게 통제하고 있다. 중국에서 온 사람은 딱 한 명이다. 곧 괜찮아질 것이다"라고 말했다. 강변이었다. 이후 트럼프 대통령의 코로나19 대응은 형편없었다.

허언 虛言

지킬 생각이나 마음이 없으면서 그냥 던지는 말이다. 현실적으로 가능하지 않은 일을 가능한 일인 것처럼 말하는 것도 여기에 해당한다. 세상일은 어떻게 될지 알 수 없다. 그러니 '결코', '반드시', '절대' 등의 단어는 가급적 쓰지 않는 것이 좋다.

"나는 김정은이 가장 두려워하는 대통령이 될 것"

문재인 대통령은 대선 후보 시절이었던 2017년 4월 자신의 페이스북에 "북한에 경고한다. 문재인은 김정은이 가장 두려워하는 대통령이 될 것"이라고 했다.

북한은 2020년 6월 개성에 건설되어 운용 중이던 남북공동연락사무소를 폭파했다. 178억 원의 혈세를 들여 건설한 건물이었다. 북한은 2020년 9월에는 서해상에서 표류한 비무장 민간인을 살해하고 시신을 불태우는 반인륜적 만행을 저질렀다. 그런데도 문 대통령은 북한의 만행에 시종 침묵했다.

"살아있는 권력에 엄정하라"

문재인 대통령은 2019년 7월 윤석열 검찰총장에게 임명장을 수여하고 이렇게 말했다.

• 권력형 비리에 대해 정말 권력에 휘둘리지 않고 눈치도 보지 않고 사람에 충성하지 않는 자세로 아주 공정하게 처리해 국민의 희망을 받으셨는데 그런 자세를 끝까지 지켜 주기 바란다.

윤 총장이 문 대통령 말대로 하자 온갖 사퇴 압박이 가해졌고, 그는 결국 2021년 3월 사퇴했다.

"전세 시장을 기필코 안정시키겠다"

문재인 대통령은 2020년 10월 국회 시정연설에서 "전세 시장을 기필코 안정시키겠다"고 말했다. 문재인 정부는 출범이래 이때까지 23차례의 부동산 정책을 내놓았지만 모두 실패했다. 오히려 상황을 더욱 악화시켰다. 그런데도 문 대통령은 "집값만은 반드시 잡겠다", "집값을 원상 복구시키겠다", "집값 잡는 것만은 자신 있다"라고 말했다. 모두 빈말이었다.

직설直說

직설이란 있는 그대로 또는 생각나는 대로 말하는 것이다. 영국인들은 이런 언사를 교양이 없는 행동으로 인식한다. 예를 들어, 상대방의 약점을 건드리는 언사는 센스 없는 일이다. 있는 그대로 말하는 것이 바람직할 때가 물론 있다. 그렇게 하면 듣는 사람이 오해할 가능성이 줄어든다. 노무현 대통령은 속마음을 솔직하게 털어놓곤 했다. "이러다 대통령직 못 해 먹겠다는 위기감이 든다", "남북 관계만 잘 되면 다른 것은 깽판 쳐도 괜찮다" 등의 발언이 그런 사례다.

미중 대사 간 설전舌戰

2012년 12월 북한의 장거리 로켓 발사 문제를 논의하기 위해 유엔 안전보장이사회가 긴급 소집되었다. 회의에서 수전 라이스 미국대사는 "북한의 위성 발사는 안보리 결의 위반이자 지역 안정을 해치는 도발적 행위로 규정해야 한다"고 목소리를 높였다. 그러자 중국대사가 반발했다. 리바오둥 대사는 "북한을 비난할 필요가 없다. 로켓 발사 시험이 지역 안정을 위협할 것이라고 생각하지 않는다"고 했다. 이에 라이스 대사는 "That's ridiculous^{말도 안 되는 얘깁니다}"라고 응수했다. 리바우둥 대사는 곧바로 "Ridiculous? You better watch your language^{말도 안 되는 얘기라니요? 말조심하세요}"라고 발끈했다.

앵커리지에서의 미중 공방

바이든 행정부 출범 후 미중 간 첫 고위급 회담이 2021년 3월 앵커리지에서 열렸다. 당초 양측은 취재진의 사진 촬영을 위해 회담 시작 즈음에 각각 2분 정도 발언을 하기로 합의했다.

미 측은 약속을 지켰다. 블링컨 국무장관은 2분 27초, 설리번 국가안보보좌관은 2분 17초 동안 발언했다. 이들은 중국이 규범에 기초한 질서를 위협한다고 비난했다. 그러자 양제츠 중국공산당 외교담당 정치국원은 16분 14초, 왕이 외교부장은 4분 9초 발언하면서 '너나 잘하세요'라고 반격했다. 미 측은 취재진이 퇴장하려 하자 잠깐만 기다리라고 하고 발언을 이어갔다. 중국 측도 취재진을 잡아 놓고 격앙된 비방을 퍼부었다. 자오리젠 중국 외교부 대변인은 "화약 냄새가 가득했다"고 했다.

코로나 발원지 공방

미국과 중국은 2020년 3월 신종 코로나 바이러스 발원지를 놓고 충돌했다. 포문은 중국 외교부 대변인이 열었다. 그는 "(지난해 10월 개최된 우한 세계군인체육대회에 참가한) 미군이 전염병을 가져왔을 수도 있다"고 주장했다. 미 측은 즉각 워싱턴 주재 중국대사를 불러 항의했다.

트럼프 대통령도 3월 16일 신종 코로나 바이러스를 '중국 바이러스'로 칭했다. 그러자 중국 외교부 대변인은 "중국에 오명을 씌우는 것이다. 강하게 분개하며 즉시 잘못을 바로잡고 중국에 대한 근거 없는 비난을 중단하라"고 했다.

폼페이오 국무장관은 같은 날 양제츠 중국공산당 외교담당 정치국원에게 전화를 걸어 "중국이 코로나19에 대한 책임을 미국으로 돌리려는 것에 강하게 반대한다. 지금은 허위 정보와 이상한 루머를 퍼뜨릴 때가 아니다"라고 말했다. 이에 양제츠는 "미국에 엄중히 경고한다. 중국에 먹칠하려는 어떤 시도도 성공하지 못할 것이며 중국의 이익에 손해를 끼치는 행동은 강한 반격에 부딪히게 될 것이다"라고 되받아쳤다.

"왜 남의 집 거실에 들어와 양탄자에 오줌을 누나!"

미국은 1965년 베트남전쟁에 본격적으로 개입하면서 미국 우방국들에도 참전을 요청했다. 캐나다도 그중의 한 나라였다. 그러나 캐나다 피어슨 총리는 1965년 4월 필라델피아 소재 템플대학에서 연설하면서 미국의 북베트남 폭격을 비난했다. 존슨 대통령(1963.11~1969.1 재임)

의 정치적 입지를 더욱 곤란하게 만드는 발언이었다. 피어슨은 워싱턴으로 이동해 캠프데이비드(대통령 별장)에서 존슨을 만났다. 이때 존슨은 피어슨에게 이렇게 말했다. "Don't you come into my living room and piss on my rug!왜 남의 집 거실에 들어와 양탄자에 오줌을 누나!"

비교·비유

비교는 인간의 본성이다. 일상이 비교의 연속이다. 비교는 사물이나 현상을 보다 잘 이해하거나 설명하기 위해 이들 사이의 유사점(같음)과 상이점(다름)을 찾아내는 일이다. 이런 과정을 통해 우열이나 경중, 장점과 단점 등을 가늠한다. 인간의 두뇌는 경로經路 의존적이어서 늘 다니던 길을 선호한다. 습관적·본능적으로 비교하려 드는 것도 이와 관련이 있다.

비교·비유는 유용한 것임에는 틀림없으나, 정교·정확하지 않으면 해害가 된다. 신뢰와 설득력을 떨어트린다. "사과와 오렌지를 비교하지 말라"는 말이 있다. 무리한 비교의 무의미함을 지적하는 말이다. 사람들은 자신은 비교당하는 것을 싫어하면서도 일상생활에서 무의식중에 쓸데없는 비교를 한다. 비교는 가급적 하지 않는 것이 낫다. 꼭 해야 한다면 정확하게 해야 한다.

"소라도 서로 비교되는 것은 싫어하지 않겠습니까?"

황희 정승이 길을 가다가 한 농부에게 물었다. "저 두 마리 소 중 어느 소가 더 힘이 세오?" 농부는 황희에게 다가가 귀에 대고 대답했다. "검은 소가 더 힘이 셉니다." 황희가 되물었다. "그런데 왜 내 귀에 대고 소곤거리오?" 농부가 답했다. "소라도 서로 비교되는 것은 싫어하지 않겠습니까?"

"$114.13보다 $10억 받는 게 더 쉬웠다"

트럼프 대통령은 2019년 8월 대선天選 자금 모금행사에서 자신이 어렸을 때 아버지와 임대료를 수금하러 다니던 일화를 얘기했다. "브루클린의 임대아파트에서 114.13달러를 받는 것보다 한국에서 (주한미군 방위비 분담금으로) 10억 달러를 받는 게 더 쉬웠다"라고 말했다. 자화자찬을 위한 억지 비교였다.

"프랑스 문화가 미국과 추구하는 가치가 다르다"

노무현 대통령은 2004년 12월 프랑스를 방문하면서 소르본대학에서 강연을 했다. 강연 중 "섭섭해 할 미국 친구들이 있을지 모르겠으나, 프랑스에 대해 우리가 보다 매력을 느끼는 이유는 프랑스 문화가 미국과 추구하는 가치가 다르다는 점 때문이다"라고 말했다. 부적절할 뿐만 아니라 불필요한 비교였다.

"왜 인도는 되는데 북한은 안 되나"

노무현 대통령은 2006년 8월 국내 언론사 간부들과 오찬을 하면서 "북한의 경우는 인도와 비슷한데 왜 인도는 핵무기 보유가 허용되고 북한은 안 되는지 이해할 수 없다"고 말했다. 단순하고 순진한 비교로, 무지만 드러냈다.

미국은 핵무기를 5,000개나 갖고 있는데 북한한테는 핵을 갖지 말라고?

송영길 국회 외교통일위원장은 2020년 12월 국회 본회의에서 열린 대북전단금지법 무제한 토론^{Filibuster}에서 미국을 향해 "자기네들은 5,000개가 넘는 핵무기를 가지고 해마다 핵무기 전달 수단을 발전시키면서 어떻게 북한·이란에 대해 핵을 가지지 말라고 강요할 수 있나!"라고 했다. 이 역시 뭘 잘 모르고 한 비교였다.

북한의 미사일 발사와 한국의 미사일 발사는 같은 것?

정의용 청와대 국가안보실장은 2019년 11월 국회 국정감사에서 "북한이 개발하는 미사일 능력은 우리 안보에 위중한 위협이 된다고 보지 않는다. 우리도 북한 못지않게, 북한보다 적지 않게 미사일 시험 발사를 하고 있다. 양적·질적으로 우리 미사일 능력이 북한보다 우세하다"고 말했다.

핵탄두를 갖고 있는 북한의 미사일과 핵탄두를 갖고 있지 않은 한국의 미사일을 평면적으로 비교했고, 한국과 달리 북한은 유엔에 의해 어떤 종류의 미사일 발사도 금지되어 있다는 사실을 무시한 비교였다.

궤변 詭辯

궤변은 거짓을 진실인 것처럼 꾸며댄 말이다. 참과 거짓이 전도되어 그럴듯하게 들려 헷갈리게 만든다.

여성가족부 장관의 국회 답변

박원순 서울시장과 오거돈 부산시장의 성추행 사건으로 2021년 4월 보궐선거를 하게 되었고, 이 선거에 800억 원이 넘는 혈세가 들어가게 되었다. 이○○ 여성가족부 장관은 2020년 11월 국회 상임위에서 이에 대해 어떻게 생각하느냐는 질문을 받고 "큰 예산이 소요되는 사건을 통해 역으로 국민 전체가 성인지性認知 감수성에 대한 집단학습을 할 기회가 된다"고 답변했다. 궤변이었다.

양자택일

인간은 원시 수렵시대를 거치면서 이것 아니면 저것의 DNA가 각인되었다. 순간적으로 하나를 선택해야 하는 상황에 여럿 중에서 하나를 고르려다가는 먹잇감을 놓친다. 인간의 언어도 이에 영향을 받았다. 그러나 인간사는 다양한 요소들이 복잡하게 서로 영향을 주고받으며 진행되기에 '이것 아니면 저것'과 같은 양자택일적인 어법은 피하는 것이 좋다.

'가장 좋은 전쟁' vs '가장 나쁜 평화'

문재인 대통령은 대선후보 시절(2016년 10월) 자신의 페이스북에 "나는 가장 좋은 전쟁보다 가장 나쁜 평화에 가치를 더 부여합니다"라고 올렸다. '가장 좋은 전쟁'도 '가장 나쁜 평화'도 없다. 가공架空의 설정이다.

오해 소지가 있는 말

말은 언제 어디서나 오해의 소지가 있다. 내가 하는 말이 잘못 이해될 수 있는 것이다. 외교언어의 경우가 특히 그렇다.

"황해黃海를 내해內海로 만들어 가자"

중국을 국빈 방문 중이던 이명박 대통령은 2008년 5월 28일 양국 기업인 300여 명이 참석한 오찬 연설회에서 "방중訪中을 통해 실용이 동서고금의 합리적 지혜이며 국제화와 개방사회를 열어 가는 실천적 진리임을 다시 확인했다. 실용의 시대를 맞아 더욱 적극적인 역내 경제협력으로 황해를 내해로 만들어 가자"고 말했다. 엄청난 말실수였다.

2010년 3월 26일, 천안함 폭침 사건이 발생했다. 한미 양국은 6월 1일 서해상에서 미 항공모함을 주력으로 하는 해상기동훈련을 실시할 것이라고 발표했다. 그러자 중국 측이 반대하고 나섰다. "황해에는 공해公海가 없다"며 '황해는 중국의 내해'라고 주장했다. 이후 중국은 서해를 자신들의 "앞바다"라고 명명했다. '서해공정'이었다.

'디스 맨' 해프닝

부시 대통령은 2001년 3월 김대중 대통령과 공동기자회견을 하면서 이렇게 말했다.

• It's been my honor to welcome President Kim here to the Oval Office. We had a very good discussion. ··· And we'll be glad to answer questions on some of those subjects, but first let me say how much I appreciate this man's leadership in terms of reaching out to the North Koreans. (김 대통령님을 환영합니다. 우리는 아주 좋은 대화를 가졌습니다. ··· 여러분들의 질문에 답변 드리겠습니다만, 먼저 북한과 관여하는 문제에 있어 제가 이분의 리더십에 얼마나 감사하는지 말씀드립니다.)

문제가 된 것은 "this man"이라는 표현이었다. 홍사덕 국회부의장은 즉시 부시 대통령에게 서한을 보내 "'디스 맨'은 한국어로 '이 양반' 정도로나 해석될 표현이며 적절한 해명이 없을 경우 한국 국민의 자존심을 상하게 할 수 있다고 생각한다"고 항의했다. 김 대통령 자신도 마음이 불편했던 것 같다. 그는 2010년 발간한 회고록에서 "부시 대통령은 친근감을 표시했다고 하나 매우 불쾌했다. 나는 한국의 대통령이었고, 우리 정서를 살펴야 했다. 평소에 나이를 따지지 않지만, 그 말을 들으니 그가 아들뻘이란 생각도 들었다"라고 썼다.

전후 맥락으로 보아 부시 대통령은 김 대통령을 무시하지 않았다. 'this man'은 우리말로는 '이 분' 정도를 의미했다. 김 대통령의 명성에 누累가 되는 그런 표현이 아니었다. 한국 측의 오해였다.

'이지 맨' 해프닝

노무현 대통령은 2003년 5월 워싱턴에서 부시(아들 부시) 대통령과 회담했다. 첫 번째 만남이었다. 회담 후 공동기자회견에서 부시 대통령은 "I've found the president to be an easy man to talk to. He expresses his opinions very clearly and it's easy to understand노 대통령은 대화하기 편한 분이었습니다. 자신의 견해를 아주 분명하게 표명해 주셔서 알아듣기가 쉬웠습니다"라고 말했다.

이번에는 "easy man"이 문제가 되었다. 한국 측 통역은 "나는 노 대통령이 매우 얘기하기 쉬운 상대임을 느꼈다"고 통역했다. 서울에서 TV로 회견을 지켜보고 있던 문희상 대통령비서실장은 우리 국민들이 오해할 수 있으니 "대화하기 편안한 상대로 느꼈다"로 정정하도록 현지 홍보팀에 전했다. 하지만 'easy man'은 무례한 말이 아니었다. 격식을 따지지 않고 편안하게 대화를 나눌 수 있어 친근감이 들었기 때문에 쓴 표현이었다. 한국 측의 오해였다.

상황에 맞지 않는 말

상황이나 맥락에 맞지 않는 말을 하지 말아야 한다. 같은 말이라도 어떤 맥락에서 언제, 어떻게 말하느냐에 따라 다르게 받아들여진다. 대통령을 비롯한 정치지도자들이 소통에 실패하는 가장 큰 원인의 하나다.

파안대소하는 모습의 사진

문재인 대통령은 2020년 2월 오스카상을 수상한 봉준호 감독과 배우들을 오찬에 초청했다. 이날은 코로나19 첫 사망자가 나왔고 확진자도 급증한 날이었다. 다음 날 김정숙 여사가 오찬 중 상반신을 뒤로 젖히면서 파안대소하는 모습이 담긴 사진이 도하 신문에 크게 실렸다. 사람들은 이를 냉소적으로 보았다. 코로나로 불안해하는 국민 정서와 맞지 않았던 것이다.

단정적인 말, 상투적인 말, 불필요한 말

단정적으로 말하는 것이 습관이 되면 말의 신뢰가 떨어질 수 있다. 같은 단어나 표현을 상투적으로 쓰는 것 역시 말의 신뢰를 떨어트린다. 예를 들어, 주위에서 '정말', '그야말로' 같은 단어를 습관적으로 쓰는 사람들을 본다. 쓸데없는 군더더기 말이다.

상대방의 마음을 불편하게 만드는 말을 예사로 하는 사람도 있다. 신체적인 콤플렉스가 있는 사람 앞에서 그와 관련된 얘기를 한다거나 특정인이나 특정 집단을 비하하는 말을 하는 것이 이런 사례다.

나가며

외교언어의 다양한 실상을 살펴보았다. 어떤 말과 글이 효과적인가에 관해서도 살펴보았다.

외교언어의 가장 큰 특징은 상대에 대한 존중과 배려다. 근자 들어 이런 전통이 무시되는 경우도 있지만 기본은 변하지 않고 있다.

외교는 국가 간의 일로만 생각되기 쉬운데, 우리의 삶도 외교다. 인간관계가 곧 외교이기 때문이다. 그리고 외교는 말로 이뤄진다. 말이 성패를 좌우한다.

말은 사회적으로도 영향을 미친다. 정치적으로나 사회적으로 지도적 위치에 있는 분들의 말이 특히 그렇다. 그런데 이런 분들의 언어가 실망스러울 때가 자주 있다. 상대를 좀 더 배려하는 여유가 있었으면 좋겠다.

이 책에서 로널드 레이건 대통령 사례를 많이 들었는데, 그는 말로 세상을 바꾼 지도자였다. 국가지도자의 말이 얼마나 중요한가를 실증적으로 보여 주었다. 도널드 트럼프 대통령의 언어는 대조적이었다. 반면교사의 언어였다.

우리나라의 경우, 이승만 대통령과 박정희 대통령의 언어가 국가지도자의 언어로서 훌륭했다. 이런 분들처럼 품위 있는 언어를 구사하는 정치지도자들이 늘어나기를 기대해 본다.

조지 슐츠 전 미 국무장관은 100세 인생을 마감하고 세상을 떠나며 "신뢰가 있으면 무엇이든 가능하지만 그것이 없으면 아무것도 가능하지 않다"라는 말을 남겼다. 정직한 언행은 신뢰의 관건임을 되뇌며 이 책을 마친다.

일곱 번째 쓴 책이 세상에 나올 수 있도록 수고해 주신 렛츠북 류태연 대표께 감사를 드린다. 이번에 종신교수가 된 아들과도 출판의 기쁨을 함께 나누고 싶다.

2021년 6월
최병구

외교언어

초판 1쇄 발행 2021년 06월 14일
초판 3쇄 발행 2023년 11월 10일

지은이 최병구
펴낸이 류태연

펴낸곳 렛츠북
주소 서울시 마포구 양화로11길 42, 3층(서교동)
등록 2015년 05월 15일 제2018-000065호
전화 070-4786-4823 팩스 070-7610-2823
이메일 letsbook2@naver.com 홈페이지 http://www.letsbook21.co.kr
블로그 https://blog.naver.com/letsbook2 인스타그램 @letsbook2

ISBN 979-11-6054-460-2 13340